C. M. VAN DER ZANDEN

Étude
sur le
Purgatoire de saint Patrice

H. J. PARIS
AMSTERDAM MCMXXVII

Étude
sur le
Purgatoire de saint Patrice

Étude sur le
Purgatoire de saint Patrice

accompagnée du texte latin d'Utrecht et du texte anglo-normand de Cambridge

ACADEMISCH PROEFSCHRIFT TER VERKRIJGING
VAN DEN GRAAD VAN DOCTOR IN DE LETTEREN
EN WIJSBEGEERTE AAN DE UNIVERSITEIT VAN
AMSTERDAM OP GEZAG VAN DEN RECTOR-MAG-
NIFICUS Dr H. BURGER, HOOGLEERAAR IN DE
FACULTEIT DER GENEESKUNDE, IN HET OPEN-
BAAR TE VERDEDIGEN IN DE AULA DER UNI-
VERSITEIT OP DINSDAG 6 DECEMBER 1927 DES
NAMIDDAGS TE 4 UUR PRECIES

DOOR

Cornelis Mattheus van der Zanden
GEBOREN TE GOUDSWAARD

H. J. PARIS
AMSTERDAM MCMXXVII

AAN
MIJN VROUW

Met erkentelijkheid denk ik aan hen die tot mijn wetenschappelijke vorming hebben bijgedragen.

In het bijzonder aan U, hooggeachte Salverda de Grave, ben ik veel dank verschuldigd. Uw onvermoeide belangstelling in mijn werk, de welwillendheid waarmee gij mij steeds geholpen hebt met Uw groote kennis en rijke ervaring, zullen bij mij in dankbare herinnering blijven.

TABLE DES MATIÈRES

LES SOURCES LATINES

CHAPITRE I

§ 1 — Description du manuscrit No. 173 (I. H. 17) de la Bibliothèque de l'Université d'Utrecht

Le *Tractatus de Purgatorio Sancti Patricii* fait partie d'un recueil de trente-trois opuscules d'édification, tous en latin. Le manuscrit, partie sur parchemin, partie sur papier, date de la seconde moitié du XVe siècle. Le papier est filigrané de deux clefs à anneaux entrelacés et à barbes tournées en dehors. Il est identique à celui dont un autre copiste s'est servi pour un manuscrit néerlandais et qui porte la date de 1461 [1]). La reliure du recueil est en bois recouvert de cuir; les différentes rubriques sont faciles à trouver grâce à de petits bouts de cuir qui dépassent les feuilles. Au verso de la couverture on lit: „Iste liber pertinet ad fratres carthusienses prope traiectum" [2]). Hauteur du manuscrit $\pm$ 300 mM., largeur $\pm$ 224 mM. L'en-tête de chaque chapitre est

---

[1]) Cf. *Tondalus' visioen en St. Patricius' Vagevuur* par Dr. R. Verdeyen et Dr. J. Endepols; Gent, W. Siffer; vol. I, p. 159.

[2]) L'abbaye des Chartreux près d'Utrecht connue sous le nom de „Nieuw Licht" (Lumière Nouvelle) ou de „Bloemendael" fut fondée en 1393 par Zweder d'Abcoude, seigneur de Gaesbeek. Un an auparavant le Prévôt de l'Eglise Saint-Jean d'Utrecht, Aernout de Tricht, avait donné le domaine de Bloemendael en bail emphytéotique au prieur et aux moines du couvent à construire (cf. van Ryn, *Historie van het Bisdom Utrecht*, vol. I, p. 645 et s.). Lors des troubles, sous la domination espagnole, le premier magistrat d'Utrecht, redoutant que l'ennemi ne se fortifiât dans le couvent, y envoya une compagnie de soldats. Mais les Chartreux, excédés par la turbulence de leurs hôtes, se retirèrent temporairement chez un des notables de la ville (1579). En 1580 la municipalité d'Utrecht entama avec eux des négociations sur la démolition de „Nieuw Licht". Elles n'aboutirent pas et le magistrat ordonna de son propre chef de démolir l'abbaye. Il fit transférer la bibliothèque précieuse des moines dans le chœur de l'église Saint-Jean, qui était la bibliothèque de la ville (1584); plus tard, celle-ci fut installée définitivement dans l'ancien palais de Louis-Napoléon et devint la Bibliothèque de l'Université d'Utrecht. (Details fournis par M. A. Hulshof, bibliothécaire de la Bibliothèque de l'Université d'Utrecht et par M. T. Pluim, de Baarn).

écrit à l'encre noire, soulignée à l'encre rouge; l'initiale de
chaque chapitre est rouge et les majuscules initiales des
phrases sont noires, parfois barrées de rouge. Le *Tractatus de
purgatorio sancti Patricii* est placé entre un „Tractatus de defec-
tibus et periculis occurrentibus in missa" (fol. 191a—193a)
et les „Mirabilia in sacramento altaris" (fol. 202a—210a).

§ 2 — Texte du manuscrit d'Utrecht (ff. 195 r°.—201 v°.)

195 r°.

*Incipit tractatus de purgatorio sancti Patricii ex historia
Hibernie.*

[Entrée en
matière]

Est lacus in partibus Ultonie continens insulam bipar-
titam. Cuius pars altera, probate religionis ecclesiam habens, spectabilis valde est et amena, angelorum visitacione
sanctorumque loci illius visibili frequencia incomparabiliter
illustrata. Pars altera, hispida nimis et horribilis, solis demonibus dicitur assignata. Que et visibilibus catademonum (*sic*)
turbis et pompis fere semper manet exposita. Pars ista IX
in se foveas habet; in quarum aliqua si quis forte [pernoctare]
presumpserit, quod a temerariis hominibus nonnunquam [con-
stat] esse probatum, a malignis spiritibus statim arripitur, et
nocte tota tam gravibus penis cruciatur, tot tantisque et tam
ineffabilibus ignis et aque variique generis tormentis incessan-
ter affligitur, ut mane facto vix vel minime [spiritus] superstitis
reliquie misero in corpore reperiantur. Nec (*l.* Hec), ut asserunt,
tormenta si quis semel ex injuncta penitencia sustinuerit,
infernales amplius penas, nisi graviora commiserit, non
subibit. Hic autem locus purgatorium Patricii ab incolis
vocatur. De infernalibus namque reprob(r)orum penis, de
vera post mortem perpetuaque electorum vita vir sanctus
Patricius cum gente incredula dum disputasset, ut tanta
tam inusitata, tam inopinabilis rerum novitas rudibus infidelium animis occulata (*sic*) fide cercius imprimeretur, eff[ic]a-
ci orationum instantia magnam et admirabilem utriusque
rei noticiam dureque cervicis populo perutilem meruit in
terris optinere.

Item de eodem purgatorio prologus et cetera

[Dédicace]

Patri suo peroptato in Christo Domino H, abbati de Sartis,
frater H. monachorum minimus, cum continua salute, patri fi-
lius, obedientie munus. Jussistis, pater venerande, ut scriptum

[Prologue]

vobis mitterem quod de purgatorio sancti Patricii in vestra

me retuli audisse presencia. Quod quidem eo libentius aggre-
dior, quo ad id explendum paternitatis vestre jussione in-
stancius compellor. Licet enim utilitatem multorum per me
provenire desiderem, non tamen nisi jussus talia presumerem.
Vestram vero non lateat paternitatem nunquam me legisse
vel audisse quitquam (*sic*) unde in timore et amore dei tantum
proficerem. Et quoniam beatum Gregorium legimus multa
dixisse de hiis que erga [animas] fiunt, terrenis exutas, et corporali narracione plurima proposuisse, ut et tristibus animos
negligencium terreret et letis justorum affectum ad devocio-
nem inflammaret, fiducialius quod jubetis ad profectum
simplicium perficiam. In multis enim exemplis que proponit
ad exitum animarum angelorum bonorum sive malorum
presenciam adesse dicit, qui animas pro meritis vel ad tormenta pertrahant vel ad requiem perducant.

Sed et ipsas animas, adhuc in corpore positas, ante exitum
multa aliquando de hiis que ventura sunt super eas, sive
ex responsione consciencie interioris, sive per revelationes
exterius factas, prescisse fatetur. Raptas etiam, et iterum ad
corpora reductas, visiones quasdam et revelaciones sibi
factas dicit narrasse, sive de tormentis impiorum, sive de
gaudiis justorum. Et in hiis tamen nichil nisi corporale, vel
corporalibus simile, recitasse: flumina, flammas, pontes,
classes, domos, nemora, prata, flores, homines nigros vel
candidos, et cetera qualia in hoc mundo solent vel ad gaudia
amari vel ad tormenta timeri. Se quoque corporalibus solutas
manibus trahi, pedibus deduci, collo suspendi, flagel[l]ari,
precipitari, et alia multa hujusmodi, que nostre minime 195, v°.
repugnant narracioni. Notum est autem multos multociens
quesisse, qualiter anime a corporibus exeant, quo pergant,
quid inveniant, quid percipiant vel quid sustineant. Que
quia nobis sunt abscondita, magis nobis sunt timenda quam
querenda. Quis enim cum securitate unquam in incerto
perrexit itinere? Hoc vero omnibus certum est quod vitam
bonam mors mala non sequitur; et licet usque ad mortem
maneat meritum, et post mortem reddatur premium, pena
tamen post mortem esse dicitur, que purgatoria nominatur.
In qua qui in hac vita cum quibusdam culpis justi tamen [et] ad
vitam predestinati extiterint eternam, ad tempus pro eis
cruciabuntur, ut purgentur. Unde et quemadmodum a Deo
corporales pene dicuntur preparate, ita ipsis penis loca cor-

poralia in quibus sint dicuntur esse distincta. Creduntur tamen tormenta maxima ad que culpa deorsum premit in ymo esse et loca sibi habere; maxima vero gaudia ad que per justiciam sursum ascenditur, in summo; media autem bona et mala in medio; quod huic videtur congruere narracioni; et quod infernus subtus terram, vel infra terre concavitatem, quasi carcer et ergastulum tenebrarum a quibusdam esse creditur. Narratione ista nec minus asseritur; et quod paradisus in oriente et terra sit, narracio ista ostendit, ubi fidelium anime a penis purgatoriis liberate dicuntur aliquamdiu morari jocunde. Dicit vero Augustinus animas defunctorum post mortem usque ad ultimam resurrectionem abditis receptaculis contineri, sicut unaqueque est digna, vel in requie vel in erumpna. Quod vero beatus Augustinus et beatus Gregorius in corporeos spiritus dicunt pena corporalis ignis posse cruciari, narracione eciam ista hoc videtur affirmari. In pena vero purgatoria, qua post exitum purgantur electi, certum est alios aliis plus minusve pro meritis torqueri; que quidem ab hominibus non possunt diffiniri, quia ab eis non possunt sciri. Ab eisdem tamen quorum anime a corporibus exeunt, et iterum, deo volente, ad corpora redeunt, signa quedam corporalibus similia, ad demonstrationem spiritualium nunciantur; quia nisi in talibus et per talia ab animabus corporibus exutis viderentur, nullo modo ab eisdem ad corpora reversis, in corpore viventibus, et corporalia tantum scientibus, dicerentur. Unde et in hac narracione a corporali et mortali homine spiritualia dicuntur videri, quasi in corporali forma et specie. Quis vero mihi eam retulerit, et quomodo eam ille agnoverit, in fine narracionis indicabo; quam quidem narracionem, si bene memini, ita exorsus est.

De eodem et cetera

[Prédication de s. Patrice]

Dicitur magnus pater sanctus Patricius, a primo secundus, dum in Hybernia verbum Dei predicaret atque miraculis gloriosis choruscaret, studuit bestiales hominum illius patrie animos terrore tormentorum infernalium a malo revocare et paradisi gaudiorum promissione in bono firmare. Eos vero, inquit horum relator, adeo esse bestiales veraciter et ipse comperi, quando enim fui in patria illa per quendam mihi confitentem hujus gentis bestialitatem satis expertus sum. Cum vero beatus Patricius illam voluisset et terrore tormentorum infernalium et amore gaudiorum paradisi

avertere et avellere, dicebant ad Christum nunquam se
conversuros nec pro miraculis que videbant ab eo firi, nisi
aliquis illorum et tormenta illa malorum et gaudia bonorum
posset intueri, quatenus rebus visis certiores firent quam
promissis et predicatis. Sanctus vero Patricius deo devotus
et a deo satis devocior, etiam pro salute populi ejus tunc in
vigiliis et jejuniis et orationibus atque aliis bonis operibus
insistebat. Et quidem dum talibus pro salute populi intenderet bonis, pius dominus Ihesus ei visibiliter apparuit,
sicut sepius fecit, textum ewangeliorum et baculum unum
dedit ei, que huc-usque in Hybernia pro magnis ac preciosis
reliquiis, ut justum est, habentur. Baculus vero ille pro eo
quod illum sancto suo Ihesus dedit, baculus Ihesu est vocatus,
de quibus eciam in vita sancti Malachie scriptum invenimus.
Quicumque vero in patria illa summus fuerat archiepiscopus, hunc habuit pro signo sui presulatus.

Sanctum vero Patricium Dominus in locum desertum eduxit, 196, r'.
fossam unam rotondam atque intus obscuram ostendit ei, dicens
quod quisque veraciter penitens et fide armatus fossam illam
bona intencione introisset spacio unius diei et noctis ab omnibus
in ea purgaretur que in tota vita sua commiserat peccatis,
et quod per eam intrans non solum tormenta malorum esset
visurus, sed eciam, si fide constans esset, gaudia bonorum.
Sicque ab ejus visu Domino disparente spirituali jocunditate repletus est sanctus Patricius, tam pro Domini apparicione quam pro fosse illi ostensione, per quam sperabat
populum conversurum ab errore. Statim vero in loco beatus [Fondation
Patricius ecclesiam construxit et canonicos regulares in ea d'une église
constituit. Fossam vero illam, que in cymiterio est extra près de la
caverne]
frontem ecclesie orientalem, muro circumdedit et januas
serasque apposuit, ne quis hominum sine ejus licencia per
diem vel per noctem eam intrare presumeret. Clavem vero
ostii custodiendam prebuit ejusdem ecclesie priori.

De eodem

Cum vero tempore beati Patricii fossam illam introissent
multi penitencia ducti, et tormenta se maxima perpessos et
gaudia se vidisse testati sunt. Quorum relaciones et dicta
jussit beatus pater Patricius scribi in ecclesia illa. Eorum
ergo attestacione ceperunt alii beati patris predicationem
suscipere. Et quoniam ibi homo a peccatis purgatur, locus
ille purgatorium vocatur; et quia beato Patricio priusquam

alteri ostendebatur, purgatorium beati Patricii nominatur. Locus autem ecclesie Reglis dicitur.

[L'anecdote du prieur qui n'avait plus qu'une dent]

Post obitum vero sancti Patricii erat prior in ecclesia illa homo quidem sancte conversacionis ita decrepitus ut pre senectute non esset in capite ejus nisi dens unus tantummodo. Et quia, sicut dicit Gregorius, licet senex sit sanus, tamen ipsa sua senectute semper est infirmus, vir iste, ne senectutis sue infirmitate aliis videretur inferre molestiam, juxta canonicorum dormitorium sibi fecit parari habitaculum. Porro juniores qui in ecclesia nutriti erant sepe ex amore jocando eidem seni dicere consueverant: „Quamdiu, pater, in hac vita vis permanere et quando hinc vis abire?" Quibus ille: „Mallem, inquit, filii, si Deus vellet, hinc magis cicius abire, quam tamdiu hic mortaliter vivere. Hic enim non sentio nisi miseriam, ibi non habebo nisi magnam gloriam." Porro illi qui eum, ut dictum est, interrogabant sepe in noctibus angelos in habitaculo illo quo fuit senex circa eum cantantes de dormitorio suo audierunt. Cantus autem eorum hunc habebat modum: „Beatus es tu et beatus est dens qui est in ore tuo, quem nunquam tetigit cibus delectabilis". Ejus enim erat cibus sal et panis siccus; potus vero aqua frigida. Qui tandem, ut optavit, feliciter ad Dominum migravit.

De eodem

[Initiation au rituel à suivre]

Hoc autem sciendum est quod tempore beati Patricii et aliis postea temporibus multi homines purgatorium illud intraverunt, quorum alii reversi sunt, alii nunquam redierunt, quia omnino ibi perierunt. Redeuncium autem narrationes et dicta a canonicis loci illius sunt in monasterio scripta. Est autem talis consuetudo, tam a sancto Patricio quam ab ejus successoribus tradita, ut purgatorium illud nemo introeat, nisi qui ab episcopo in cujus episcopatu est licenciam habeat et propria voluntate illud intrare pro purgacione peccatorum suorum [eligat]. Qui cum ad episcopum venerit et affectum suum ei manifestaverit, prius eum episcopus hortatur ut a tali proposito revertatur, dicendo ei quod multi illud introierunt qui nunquam redierunt. Et si sic in proposito

196, v°.

perduraverit, preceptis litteris ab episcopo ad locum pergit; quas cum loci illius prior receperit et hominis voluntatem cognoverit, mox illi purgatorium intrare dissuadet et ut aliam penitentiam eligat ammonet, dicens quod multi perierunt de illis qui illud intraverunt. Et si viderit eum non posse flecti a proposito, facit eum ecclesiam intrare, ut XV diebus in ea sit orationibus intentus. Circa vero horum finem dierum convocat prior loci illius vicinum clerum, sicque in ecclesia missa mane celebratur, ad quam homo sacra communione [munitur]; aqua exorzizata exorcismis ad hoc officium a beato Patricio et ejus successoribus constitutis aspergitur et cum processione et letanie cantu ad ostium predicti purgatorii educitur; et tunc prior, coram omnibus ei ostium aperiens, et infestacionem demonum et multorum qui illam fossam intraverunt et nunquam redierunt denunciat perdicionem et periculum. Et si adhuc intrare voluerit, percepta ab omnibus sacerdotibus benedictione et omnium se commendans orationi propriaque manu se signo crucis signans, ingreditur; moxque ostium a priore obseratur. Sicque processio ad ecclesiam revertitur, et iterum mane die altera de ecclesia ad ostium fosse regreditur ostiumque a priore reseratur. Et si homo reversus invenitur, in ecclesiam introducitur et iterum XV diebus in ea orationi est intentus. Quod si altera die eadem hora qua ingressus est reversum non invenirent, eum certissime omnino perisse sciunt; sicque ostio a priore obserato omnes pariter recedunt.

De eodem

Contigit autem hiis temporibus nostris, diebus scilicet [Le chevalier Stephani regis, militem unum nomine Oweyn, de quo presens Owein] est narratio, ad episcopum in cujus episcopatu prefatum est purgatorium confessionis gratia venire. Quem cum pro peccatis increparet et illum Deum graviter offendisse diceret, miles graviter doluit atque condigna penitencia Deo satisfacere excogitavit. Cumque episcopus ei penitenciam, secundum quod sibi videbatur, injungere voluisset, respondit: „Dum, ut asseris, factorem meum in tantum offenderim, penitentiam omnibus penis graviorem assumam. Quoniam quidem ut remissionem meorum accipere merear peccatorum, purgatorium sancti Patricii subire volo." Episcopus hoc ei [Préliminaicogitare dissuasit, sed virilis animi miles dissuasioni episcopi res] minime consensit. Dixit ei episcopus quod multi in eo perierunt, sed veri militis animum terror nullus flectere potuit. Ammonuit episcopus ut monachorum vel aliorum regularium clericorum susciperet habitum, quod ille se negavit facturum donec purgatorium intrasset. Missus est ergo ad priorem

secundum morem predictum; in ecclesia illa XV diebus
orationibus vacavit. Sicque a fratribus et clero vicino ad hoc
convocato missa mane celebratur, ad quam miles communicatus ad fosse introitum, aqua benedicta aspersus, cum
processione et letanie cantu est deductus. Et aperto a priore
ostio, sic coram omnibus dixit eidem viro: „Ecce hic est
locus ille quem cupis intrare. Si nostris acquieveris consiliis,
ab hoc proposito omnino reverteris et vitam tuam in hoc
seculo alio modo corriges. Hic enim multi introierunt qui
nunquam redierunt, quia per fidei inconstanciam et tormentorum intolleranciam omnino corpore et anima perierunt.
Quod si intrare volueris, dico tibi quid tamen primo invenies." Quo respondente: „Pro peccatis meis intrabo absque
retractacione". Sic dictum accepit a priore: „Ecce nunc in
nomine Domini intrabis, et per concavitatem terre tamdiu
ibis, donec in campum unum exibis in quo invenies aulam
unam artificiosissime fabricatam. Quam cum intraveris,
statim ex parte Dei nuncios habebis, qui tibi quid facies
pie indicabunt. Et sic te solum relinquentes, aula exibunt.
Sic enim scriptum evenisse eis qui pre ingressi sunt." Vir
autem virilem gerens in pectore animum, quod alios absorbuerat, non formidat periculum; vis interni doloris pro
peccatis contempnit universa que ei ostenduntur verbis.
Armis ferreis munitus qui bellis interfuit hominum, fide, spe
et justicia ornatus, ad pugnam audacter prorupit demonum.
Prius namque omnium orationi se commendans, frontemque
cruce muniens, confidenter et hylariter portam intravit,
quam prior foras statim obseravit et ad ecclesiam [rediit].

De eodem

Novam autem exercens miliciam, ⌐pergit⌐ miles audacter,
licet solus, ac diucius per foveam. Ingravescentibus magis
ac magis tenebris, lucem amittit tocius claritatis. Tandem
ex adverso lux parvula cepit. Denique ad aulam pervenit et
campum predictum. Lux ibi non habebatur nisi qualis hic
vespertinis horis in hyeme habetur. Aula vero parietem in se
non habuit integrum, quoniam columpnis et archiolis erat
constructa, quasi monachorum claustrum. Cumque circa
aulam diucius ambulasset, mirando ejus structuram
mirabilem, ingrediebatur intus et vidit infra ejus septa multo
mirabiliorem. Sedens igitur in aula, oculos curiose huc
illucque jactavit, admirans pulcritudinem et apparatum

quem in ea vidit. Sic enim ille estimavit non est aula visa
talis in mundo. Cum itaque in ea sedisset aliquamdiu, ecce
XII viri quasi religiosi et nuper rasi atque albis vestibus
amicti domum illam intraverunt et, salutantes eum in
nomine Domini, consederunt. Et tacentibus aliis unus cum
eo loquebatur, qui quasi prior et dux eorum esse videbatur:
„Benedictus sit omnipotens Deus, qui in corde tuo bonum
propositum misit, et in te perficiat ipse bonum quod incepit.
Et quoniam ad hoc purgatorium venisti pro peccatis tuis, ut
ab ipsis purgeris, aut viriliter agere ex necessitate compelleris, aut per inerciam anima et corpore pariter peribis. Mox
enim, ut egressi fuerimus hac domo, replebitur multitudine
malignorum spirituum, qui gravia tibi inferent tormenta
et minabuntur inferre graviora; ad portam qua intrasti,
illesum te ducturos se permittent (sic), si eis ut revertaris
assenseris, conantes si te hoc modo decipere possint. Et si
quolibetmodo, vel tormentorum afflictione, vel [minis]
territus, seu promissis deceptus, assensum illis prebueris,
corpore et anima pariter peribis. Si autem fide firmatus
spem totam in Domino posueris, ita ut nec tormentis nec
minis nec promissis cesseris, sed ex corde quasi nichilum
contempseris, non solum ab omnibus actualibus peccatis
tuis purgaberis, sed et tormenta que parata sunt peccatoribus
pro peccatis et requiem in qua justi letantur videbis. Semper
igitur in memoriam habeas Deum; et cum te cruciaverint,
invoca Dominum Ihesum Christum, per invocacionem nominis ejus, statim liberaberis a quocumque tormento in quo
fueris. Tecum vero amplius hic esse non possumus; Deo
omnipotenti te commendamus." Sicque eorum benedictione
data viro recesserunt.

De eodem

Ille ergo solus relictus, justicie lorica induitur, scuto fidei
protegitur, spe victorie salutisque eterne mens, ut caput
galea, redimitur; habet et gladium spiritus, quod est verbum
Dei, devote invocando Dominum Ihesum Christum, quatenus
ejus regio munimine sic cooperiatur et sepiatur ut adversariis
infestantibus non superetur. Nec illum boni Ihesu pietas
fefellit, que confidentes in se fallere non consuevit. Cum ita
instructus in aula solus sederet animoque impavido pugnam
demonum exspectaret, subito circa domum cepit audiri
tumultus quasi totus commoveretur mundus. Etenim si

totum genus humanum et omnia animalia et bestie simul
convocarentur et vocibus suis pariter tumultuarentur, ut
sibi visum est, majorem tumultum non facerent. Unde nisi
divina virtute protegeretur et a viris predictis instructus
fuisset, ipso tumultu amentaretur. Et ecce post horridum
sonum sequitur horribilis visio demonum; visibiliter enim
cepit innumera demonum multitudo undique formarum
deformium in domum illam irruere, cachinando et deridendo
illum salutare, et ita ei quasi per obprobria dicere: „Alii
homines qui nobis serviunt non nisi post mortem ad nos
veniunt, unde eo magis debemus tibi grates reddere, et
majorem mercedem pro servicio tuo tibi recompensare.
Recipies habundanter a nobis que meruisti; huc venisti, ut
pro peccatis tuis tormenta sustineres; habebis nobiscum
pressuras et dolores. Verumtamen pro eo quod nobis ser-
vieris, si nostris acquiescendo consiliis reverti volueris, hoc
tibi pro munere faciemus, quod ad portam qua intrasti
illesum te deducemus, quatenus vivens in mundo adhuc
gaudeas, ne totum quod suave est corpori tuo funditus
amittas." Hec ei ideo dixerunt, quia aut terrore aut blandimentis eum decipere voluerunt. Sed Christi miles nec
terrore eorum concutitur nec blandimentis eorum seducitur.
Eodem animo Christi miles et terrentes contempnebat et
blandientes et sedendo omnino tacuit nec eis vel unum
verbum respondit.

[L'épreuve]   Contempni se videntes, fremebant in eum struxeruntque
in domo maximi incendii rogum. Post hoc manus et pedes militis ligaverunt, ligatumque in ignem projecerunt uncisque
ferreis huc et illuc per incendium clamantes traxerunt. At ille
tam regis sui munimine septus quam a viris predictis nuper
instructus, spiritalis milicie artem minime est oblitus. Nomen
enim pii Ihesu invocavit sicque ab eorum invasione se defendit. Primo in ignem missus tormentum grave sensit, et in ipsa angustia bonum nomen nominavit. Ita vero est extinctus
totius incendii rogus, ut post invocacionem nominis sancti
nec scintilla inveniretur.

Quod cernens, miles audacior efficitur contra hostes: hoc
quoque in animo proposuit quod in futuro eos non formidaret
quos per invocacionem sancti nominis ita vinci conspexit.

[Premier tour-   Relinquentes igitur demones domum cum ejulatu et tu-
ment]   multu horribili, militem inde traxerunt secum. Egredientes

vero alii ab aliis discesserunt. Quidam eorum militem per
vastam regionem diucius traxerunt. Nigra erat terra et tenebrosa, nec quicquam nisi demones eum trahentes, in ea vidit.
Ventus autem unus talis ibi fuit qui [vix] audiri possit, sed
sui rigiditate, ut sibi visum est, corpus suum perforavit. Versus locum illum traxerunt militem recto tramite quo sol oritur longioribus diebus in estate. Cumque illuc euntes venissent
quasi in mundi fine, ceperunt dextrorsum converti et quasi
per vallem latissimam contra austrum tendere, scilicet contra
locum in quo sol oritur brevioribus diebus in hyeme. Illucque
convertendo cepit quasi vulgi tocius terre miserrimos clamores,
ejulatus et fletus audire, et quo magis illuc appropiavit eo
clariores et multipliciores clamores audivit. Tandem tractu
demonum latissimum largissimumque pervenit in campum
dolore ac miseriis plenum. Finis campi illius pre longitudine
non poterat videri a milite.

Campus autem ille plenus erat hominibus utriusque sexus
diverse[que etatis], nudis et in terram jacentibus; quorum corpora et membra super terram extendebantur et ventre ad terram verso, clavis ferreis candentibus per manus et pedes defixis,
miserabiliter tenebantur. Aliquando pre doloris angustia terram commedebant, aliquando cum fletu et ejulatu miserabiliter „parce, parce" vel „miserere, miserere" clama- 198, r°.
bant. Sed qui eorum ibi miseretur non habebant. Demones
eciam inter et super eos currentes flagris gravibus eos cedebant. Dicunt illi demones: „Hec tormenta que vides senciendo
pacieris, nisi nostris acquieveris consiliis: hoc est, ut a proposito
cesses et revertaris; et si volueris, ad portam quam intrasti a
nobis pacifice reduceris, et sic illesus abibis." Ille vero mente
retinens qualiter alibi ab eis illum Deus liberavit, eos audire
omnino contempsit. Illi vero eum in terram prostraverunt et
clavis figere, ut alii erant, conati sunt; sed invocato nomine
Ihesu ei in loco illo amplius nil facere potuerunt.

De eodem

Inde ad campum alium ceperunt eum trahere, majori mi- [Deuxième
seria repletum. Ille campus hominibus utriusque sexus diver- tourment]
seque etatis, clavis in terram fixis, erat plenus. Inter istos et
alios qui in alio campo erant erat diversitas ista, quod ventres
quidem illorum, istorum vero dorsa terre heserunt. Dracones
igniti super alios sedebant et quasi commedendo eos modo
miserabili dentibus igneis mordebant; aliorum vero colla,

vel brachia, vel corpora, serpentes igniti circumci[n]xerunt et
capita sua pectoribus hominum apponentes, ignitum aculeum
oris sui in cordibus infixerunt. Bufones eciam mire magnitudinis et quasi igniti visi sunt super quorundam pectora insistere et rostra sua deformia infigentes, quasi corda eorum conati
sunt extrahere. Qui ita in hoc campo clavis erant affixi a fletu
et ululatu nunquam cessabant. Demones inter et super eos
transibant et eos cedebant et cruciabant. Fines hujus campi
non vidit, pre longitudine enim non potuit, nisi in latitudine,
qua intravit et exivit. In transversum campos pertransivit.
„Hec, inquiunt demones, que vides pacieris, nisi nobis ut revertaris assenseris." Qui contempti eum cum alliis affligere
conati sunt, sed invocato nomine Ihesu nequiverunt.

De eodem

[Troisième
tourment]

Inde igitur trahentes, illum perduxerunt ad tercium campum, miseriis plenum. Ibi homines utriusque sexus diverseque
etatis infiniti erant ita ut campum replerent. Qui ita in terra
clavis ferreis candentibus fixi jacebant, ut pre multitudine
clavorum ignitorum a capitum summitate usque ad digitos
pedum locus vacuus non inveniretur quantus digiti unius
summitate tegeretur. Isti vix vocem ad clamandum formare potuerunt. Sed sicut homines qui morti proximi sunt, ita utcumque potuerunt vocem emiserunt. Nudi et isti sicut et
ceteri esse videbantur, et vento fridigo et urente flagrisque
demonum cruciabantur. „Hec, inquiunt demones, tormenta
pacieris, nisi nobis ut revertaris assenseris." Et cum eum ita
clavis affigere voluissent, invocavit nomen Ihesu, et ei amplius ibi nil facere potuerunt.

De eodem

[Quatrième
tourment]

198. v°.

Transeuntes igitur illum, pervenerunt in quartum campum
multis ignibus plenum, in quo omnia genera penarum invenerunt. Alii suspendebantur cathenis igneis per pedes, alii
per manus, alii per brachia, alii per tibias, capitibus in yma
versis et sulphureis flammis immersis; alii ignibus pendebant
(in) uncis ferreis in oculis, vel auribus, vel naribus, vel faucibus,
vel mammillis, vel genitalibus infixis; alii fornacibus suphureis
(*sic*) crem(e)[a]bantur; alii quasi per sartagines urebantur, alii
verubus igneis membris infixi ad ignem assabantur, quos alii
demones igni appositos verterunt; alii diversis metallis deguttaverunt liquescentibus. Demones omnes ceciderunt et
nulli parcere voluerunt. Omnia genera tormentorum que

excogitari possunt ibi quodam modo visa sunt. Ibi de sociis quosdam suis invenit et bene cognovit; de ululatibus et fletibus et clamoribus quos audivit nulla vox hominum dicere ex toto sufficit. Hii autem campi non solum cruciatis hominibus, sed eciam cruciantibus demonibus erant pleni. Ubi cum vellent eum cruciare, invocato nomine Ihesu, nichil ei facere valuerunt.

De eodem

Inde igitur descenderunt ubi vidit rotam maximam ferream et igneam, cujus radii et canti uncis igneis undique erant circumsepti. In quibus singulis pendebant quasi homines infixi. Rote autem hujus medieta(ti)s sursum in aere stabat, alia medietas in terra deorsum erat. Flamma autem tetri sulphureique incendii de terra circa illam surgebat et (hec) pendentes in ea miserime conburebat. „Hec, inquiunt demones, que isti tolerant pacieris, nisi reverti volueris. Que tamen tolerant prius nunc videbis." Demones igitur ex utraque parte ·alii contra alios steterunt et alii in utraque parte ferreos vectes inter radios rote impingentes, rotam levaverunt et eam deorsum depresserunt. Tantaque sic eam fecerunt agilitate rotare, ut nullum omnino ab alio visu possent discernere, quia pre nimia cursus celeritate videbatur quasi ignis esse. Planxerunt miseri et fleverunt omnes qui rote infixi fuerunt. Cumque eum super rotam jactassent et eum in aere rotando levassent, in descensione rote nomen Christi invocavit et statim de ea descendit. Quod videntes, demones eum protraxerunt procedentes ad alia tormenta. [Cinquième tourment]

De eodem

Post hec vidit ante se unam domum grandem quasi fornacem fumigantem, cujus latitudo fuit nimia, longitudo tanta ut illius non possent videri ultima. Cum vero versus eam horribiliter tractus iret et adhuc ab ea aliquantulum longius esset, pre nimio calore qui inde exibat subsistere, volens procedere, non poterat. Dixerunt ei demones: „Quid subsistendo tardas vero? Balnearium est, quod vides; velis nolis, illuc progredieris ut cum eis qui ibi sunt balneeris." Ceperunt autem de domo illa miserimi vagitus emitti ac fletus et planctus audiri. Intrans autem domum illam, vidit visionem duram. Etenim domus illius pavimentum rotundis fossis erat plenum, de quibus alia alii sic cohesit que vix inter ipsas via aliqua apparuit. Erant autem fosse singule diversis metallis ac liquoribus bul- [Sixième tourment] lientibus plene. In quibus utriusque sexus diverseque etatis erat demersa multitudo maxima hominum, quorum quidam omnino immersi erant, alii usque ad supercilia, alii usque ad oculos, alii ad colla, ad pectus, ad umblicum, ad femora, ad genua, ad tibias; alii uno tantum pede in metallo bulliente stabant. Alii unam manum vel utramque in eis tenebant. Omnes pariter pre dolore conclamabant, omnes miserabiliter flebant. „Ecce, inquiunt demones, cum istis balneaberis, nisi reverti volueris." Et cum cepissent illum in fossam unam mittere, invocato ab eo Christi nomine, ceperunt inde procedere.

De eodem

[Septième tourment]

199, r°.

Inde protrahentes eum perrexerunt contra montem unum, in quo utriusque sexus et diverse etatis super digitos pedum curvatam tantam multitudinem nudorum hominum vidit sedere, quod pauci viderentur ei omnes quos ante viderat in respectu eorum. Omnes vero illi nudi erant quos ibi vidit, et qua simortem cum tremore exspectantes ad aquilonem erant versi. Cumque ille miraretur quid hec multitudo prestolaretur, unus demonum dixit ad eum: „Miraris fortasse quid cum tanto timore exspectat populus iste? Nisi reverti volueris, scies hoc certissime." Vix demon verbum finierat, et ecce ab aquilone ventus turbinis veniebat, qui et ipsos et quem duxerunt omnemque populum illum arripuit et in flumine fetido ac frigidissimo flentem et ejulantem longe in alia parte montis jactavit, in quo nimio frigore vex(e)[a]bantur. Et cum de aqua surgere niterentur, currentes desuper aquas demones in ipso flumine immerserunt eos. At miles nomen Christi invocavit et statim se in alia ripa invenit.

De eodem

[Huitième tourment]

Accedunt ad eum demones contra austrum illum trahentes. Et ecce ante se vidit flammam tetram et sulphureo fetore fetidam quasi ascendere et quasi homines nudos et igneos utriusque [sexus] diverseque etatis sicut scintillas ignis sursum in aera jactare. Qui et flammarum vi deficiente iterum ceciderunt in puteum et in ignem. Quo approximantes, dixerunt militi demones: „Iste flammivomus puteus inferni est introitus; in hoc loco nostrum est habitaculum. Et quoniam nobis huc-usque servisti, hic sine fine manebis nobiscum. Omnes enim qui nobis serviunt hic sine fine nobiscum manebunt. Et si os hoc inferni intraveris, et anima et corpore pariter peribis. Si tamen adhuc nobis assenseris ut revertaris ad portam quam intrasti, illesus a nobis reduceris." Ille autem de Dei adjutorio presumens illorumque promissa contempnens, in ignem putei est projectus; et quo profundius in puteum descendit, eo laciorem illum intrinsecus esse vidit et eo graviorem penam sensit. In eo vero tantam sensit miles angustiam ut pene pre nimietate angustie et doloris omnino oblitus esset sui adjutoris. Deo tamen opitulante nomen Ihesu Christi invocavit statimque vis flamme eum cum reliquis in aera levavit. Sicque in ascensione juxta puteum aliquamdiu stetit solus. Cumque se ab ore putei subtrahens stetisset, ignorans quo se verteret, ecce demones alii et ab eo incogniti, ut ita dicam, de puteo procedentes advenerunt eique sic dixerunt: „Et tu ibi stas? Quod hic esset infernus, socii nostri dixerunt tibi; sed consuetudinis nostre est semper mentiri, ut decipiamus per mendacium quos decipere non possumus per verum. Hic non est locus inferni, sed nunc te ad infernum deducemus."

Inde ergo cum tumultu magno eum traxerunt, sicque ad [Neuvième tourment] flumen unum latissimum et fetidum pervenerunt. Erat autem flumen illud totum flamma quasi sulphurei incendii coopertum atque demonum multitudine plenum. Dixerunt ergo ei: „Sub isto flammante flumine scias infernum esse." Ultra flumen quod videbatur pons unus protendebatur. Dixeruntque demones ad militem: „Oportet te nunc ambulare super hunc pontem, et per nos ventus ille qui te dejecit in flumen aliud te deiciet in illud; et statim a sociis nostris qui in flumine sunt capieris et in profundum inferni demergeris. Prius tamen habes probare quale sit super pontem istum ire." Et tenentes demones manus ejus fricaverunt super pontem illum. Et ecce in ponte illo erant tria transeuntibus valde dubitanda: primum, quod ita lubricus erat ut, si eciam latus esset, nullus aut vix quis in eo pedem figere posset; aliud, quod ita strictus erat quod fere intransibilis; tertium, quod ita altus erat quod horrendum esset deorsum aspicere. „Si tamen, inquiunt ei, nobis assenseris ut revertaris, ad portam illesus deduceris." Cogitans autem ille de quantis eum pius Ihesus liberavit antea periculis, invocato ejus sanctissimo nomine concepit pedetentim prius super pontem ambulare. Quo vero super pontem ambulavit amplius eo incessit securius, quo enim in eo magis ambulavit eo viam largiorem invenit et latitudo vie ex utraque parte crevit. Et ecce post paululum latitudo pontis exciperet carrum onustum, et post modicum via 199, v°.

erat ita larga ut sibi obviarent in ea duo carra. Porro demones
qui eum adduxerant in ripa fluminis restiterunt, et videntes
militem libere abire, vocibus suis aerem ita concusserunt ut
magis esset vocum illorum terrore percussus quam illacione
tormentorum. Alii demones, qui sub ponte in flumine erant,
uncos suos ad illum jactaverunt, sed tangere non potuerunt.
Secure tandem perrexit, quia sibi nichil resistere invenit, sicque latitudine pontis excrescente flumen respexit ex utraque
parte a longe.

[Homélie]

Comparentur nunc temptaciones hujus vite locorum istorum tormentis ac miserie, que, si opponantur in mentis statera,
quasi maris arena omnibus temptacionibus gravior locorum
istorum apparebit miseria. Carneis motibus nemo delectabitur
quamdiu de hiis meditabitur. Quibus gravis et aspera videtur
esse quies claustralis et religio, cogite[n]t qualis sit locorum istorum horror et tormentorum illorum excruciacio. Levior quippe est vita in qua corporis et anime habentur sine acquiren-
di sollicitudine necessaria, quam illa in qua tanta audiuntur
esse tormenta, per que tamen tormenta mente rogo sepe transeamus. Carissimis nostris qui pro peccatis in eis sunt auxilium precibus devotis feramus. Sicut enim militi dicitur, omnes qui pro peccatis purgandis extra os putei in quibuslibet
locis cruciantur, per beneficia que pro eis fient a penis li-
berabuntur. In eis fortasse cruciantur patres nostri, vel matres,
vel sorores, vel fratres, vel amici, alii consistunt ut purgentur;
nostris precibus ac beneficiis exspectant ut liberentur.

De eodem

[Le paradis
terrestre]

Procedens ergo miles jam liber a demonibus, vidit ante se
murum unum altum erectum in aere, mire et incomparabilis
structure. In quo portam unam vidit clausam, que metallis et
lapidibus preciosis ornata choruscacione mire radiabat. Ad
quam cum appropinquasset et adhuc quasi spacio dimidii miliaris abesset, porta illa ei patuit et tante suavitatis odor ei
occurrens per eam exivit ut, sicut videbatur ei, si res tocius
mundi convertentur in aromata, non tamen vincerent hujus
magnitudinem suavitatis. Inde tantas vires percepit ut tormenta que antea vidit et pertulit jam sine angustia, ut sibi
visum est, posset sustinere. Respiciensque infra portam, vidit
patriam claritate solis splendorem vincentem illustratam. Vidit,
et introire concupivit. Et ecce antequam intraret, occure-
runt ei cum crucibus, vexillis cereisque et quasi palmarum

aurearum ramis processio talis ac tanta quanta in hoc mundo,
ut estimavit, nunquam est visa. Vidit quasi hominum formas
de omnibus ordinibus diverseque etatis et utriusque sexus. Vidit alios quasi archiepiscopos, alios quasi archidyaconos,
alios quasi episcopos, alios ut abbates et monachos, alios quasi
presbyteros et singulorum graduum ministros, ecclesie sacris
vestibus suis ordinibus congruentibus indutos. Omnes vero,
tam clerici quam laici, forma vestium videbantur esse induti
in quibus servierunt Christo in hac vita. Militem vero cum
magna veneracione et leticia receperunt, sicque concentu
seculo inaudite armonie secum illum perducentes, infra portam redierunt. Finito vero concentu qui illum introduxerunt,
duo quasi archiepiscopi vel archidiaconi patriam ei ostensuri
in suo eum ductu et comitatu susceperunt. Qui cum eo loquentes, primo benedixerunt Deum, qui tanta constancia
contra tormenta tot et tanta animum ejus confirmavit. Ipsis
ergo eum per patriam ducentibus huc illucque pertransivit,
et multo plura quam dicere potuit in illa jocunda visione vidit.

De eodem

Vidit tamen patriam tanta claritate lucis lustratam ut,   200, r°.
sicut lumen lucerne cecatur splendore solis hujus, sic sol meridianus, ut sibi videbatur, obtenebraretur pre nimia claritate
lucis illius. Fines patrie illius pre nimia longitudine et latitudine scire non potuit, nisi tamen ex ea parte qua per portam intravit. Erat autem et patria tota quasi amena prata
atque virencia, diversis floribus fructibusque multiformium
herbarum arborumque decorata, ex quorum tamen odore sine
fine, ut sibi visum est, vixisset, si ibi esset. Nox illam nunquam obscurat, quia semper splendor celi puri desuper in ea
indicibili claritate rutilat tantamque vidit ibi utriusque sexus
multitudinem hominum quanta[m] in hac vita se nec alium
vidisse putavit. Alii in hiis, alii in illis locis per conventus distincti commanebant tamen, prout voluerunt, alii de istis in
illis, alii de illis in istis catervis cum leticia transibant, sicque
fiebat ut et alii de aliorum visione gauderent et alii de aliorum visitatione exultarent. Chori choris per loca astiterunt
dulcisque armonie concentu Creatorem suum laudaverunt.
Et sicut stella ab alia differt in claritate, ita erat differencia
varia in eorum vestium et vultuum nitore. Alii vero amictu
videbantur indu[t]i aureo, alii viridi, alii purpureo, alii jacinc-

tino, alii ceruleo, alii candido, forma tamen habitus qua singuli utebantur in seculo; forma enim vestis novit miles cujus
ille vel ille fuit ordinis in seculo. Quorum varius color varie
pocius videbatur esse claritatis splendor; hoc enim quod videbatur esse vestium color et forma, videbatur vestis uniuscujusque nitentis pocius esse claritatis gloria. Alii quasi reges
incedebant coronati, alii in manibus palmas aureas ferebant.
Tantorum in requie militi fuit delectabilis aspectus, nec minus
eorundem armonie delectabilis suavisque auditus. Undique
sanctorum audivit concentum laudes Dei personantium; singuli autem de propria felicitate gaudebant, singuli de singulorum gaudio et erepcione exultabant tantusque patriam odor
replevit suavitatis ut ipsa suavitatis fraglancia viderentur
sustentare habitantes et ambulantes in ea. Ibi videbantur
mansiones variorum con(c)[v]entuum; erant singule multa
luce replete. Omnes vero qui militem intuebantur, Deum
benedicentes de ejus adventu quasi de fraterna exempcione
a morte gratulabantur. Videbatur quodammodo de adventu
ejus quasi nova exultacio fieri: unusquisque ibi exultabat,
undique sanctorum melodia resonabat, nec estum nec frigus
ibi senciebat, nec quod offendere vel nocere posset ibi quid-
quam vidit. Omnia pacata, omnia placita, omnia grata. Multo
plura in beatorum requie oculis vidit quam in hac vita de ea
unquam audivit vel quis inde scire possit.

De eodem

Conspectis tandem locis multis et sanctorum conventibus,
atque ab eo auditis cantilenis suavibus, pontifices qui ei patriam ostenderunt, ab aliis se seorsum subtrahentes, militi
sic dixerunt: „Ecce, frater, Deo auxiliante vidisti que videre
desiderasti, scilicet tormenta peccatorum et requiem beatorum. Benedictus sit Creator et redemptor omnium, qui tibi
tale contulit propositum, cujus gratia constanciam habuisti
in tormentis per que transisti. Et quoniam ejus gratia et virtute ad nos venisti, visorum rationem a nobis audies. Patria
ista terrestris est paradisus, unde pro peccatis ejectus est primus homo. Hinc autem expulsus in miseriam mundi est projectus. Postquam enim Deo subici per precepti obedienciam
noluit, celica gaudia que in hoc loco positus contemplabatur,
ultra videre non meruit. Hic verba Dei sedulo audierat cordis mundicia et [celsitudine] visionis hic beatorum angelorum spiritibus intererat. Cum vero per inobedienciam cecidit,

et lumen mentis quo illustrabatur ab eo recessit. Ex cujus
carne nos omnes nati sumus in miseria, sed tamen per fidem
Domini nostri Ihesu Christi quam in babtismate suscepimus,
redivimus ad hanc patriam. Vitam aliam esse credidimus per
spiritum sanctum; quam esse non potuimus scire, sicut ille
per experimentum. Verumptamen quoniam post fidei suscepcionem multis actualibus peccatis implicati fuimus, non
nisi per purgationem tormentorum per que transisti huc venire potuimus; penitentiam enim quam ante mortem vel in
morte suscepimus et non perfecimus in illis penalibus, alii
majori, alii minori spacio temporis secundum modum et quantitatem culparum tormenta luendo peregimus. Omnes igitur
qui in hac requie sumus, in illis locis penalibus pro peccatis
nostris fuimus. Sic et omnes quos in singulis locis penalibus
vidisti, preter eos qui infra os putei infernalis sunt positi, post
purgacionem ad hanc in qua sumus requie pervenientes salvi
tandem erunt. Omni vero die seculi inde purgati huc ad nos
veniunt aliqui, et nos obviantes eis venimus, sicut et tibi fecimus, et eos in hanc requiem introducimus. De eis vero qui
ibi sunt alii aliis majori vel minore tempore erunt. Qui vero
bene purgati de corpore exeunt, statim huc ad nos veniunt.
Nullus autem eorum qui in penis sunt novit quamdiu ibi
demoraturus sit: per missas vero et psalmos et orationes et elemosinas, quociens pro eis fiunt, aut eorum tormenta minorantur, aut de ipsis tormentis in minora transferuntur, donec
omnino per talia beneficia liberentur. Et cum in hanc patriam
venerint, quamdiu hic mansuri sunt, nesciunt. Nullus enim
hoc scire potest de se quamdiu hic debeat esse. Sicut
enim in locis penalibus secundum quantitatem culparum
percipiunt remorandi ibi spacium, ita et qui hic sumus secundum merita bona minus plusve demorandi spacium percepimus. Et licet a penis sumus liberati, tamen ad superna[m] celi
leticia[m] ascendere nondum sumus digni; quamdiu tamen hic
moraturus sit, nullus de se novit. Ecce hic, ut vides, in magna
requie sumus et leticia, sed post spacium a Deo singuli constitutum hinc transibimus. Cotidie enim societas nostra crescit et cotidie decrescit. Sicut enim cotidie aliqui de tormentis
purgati huc ad nos veniunt, ita et hinc a nobis in paradi(o)so
terrestri constitutis, in paradisum celestem ascendunt.''
Sed pontifices duo perducentes illum in montem unum, jus-   [Paradis
serunt illi ut aspiceret sursum; quo cum aspexisset, inter-   céleste]

rogaverunt cujus modi esset celum contra locum in quo staret. Respondit miles colori auri esse similis et ardens in fornace. „Hoc, inquiunt, quod nunc vides, est introitus celi et porta celestis paradisi. Quando aliqui a nobis discedunt, hinc in celum ascendunt. Quamdiu autem hic manemus, cotidie pascit nos cibo celesti Dominus; quali autem hic pascamur cibo, jam sencies nobiscum gustando." Vix hoc sermone finito quasi flamma ignis de celo descendit. Que ut sibi visum est, patriam cooperuit, et, quasi per radios super singulorum capita descendens, tandem in eis tota intravit. Super militis etiam caput ita descendit et in eum sicut in alios intravit, sed tantam inde delectacionis suavitatem in corpore et in corde sensit quod pene pre nimia suavitatis delectacione non intellexit utrum vivus an mortuus fuerit, sed hora illa cito pertransiit. „Hic, inquiunt, est cibus ille unde semel a Deo pascimur cotidie. Qui vero hinc in celum ascenderit, hoc fruitur sine fine." Ibi miles libenter permansisset, si permanere licuisset. Sed post talia et tanta jocunda referuntur ei tristia. „Quoniam, inquiunt, ex parte vidisti que videre desiderasti, requiem scilicet beatorum et tormenta peccatorum, oportet jam ut nunc redeas eadem via qua huc veneras. Et si bene in seculo ammodo vixeris, securus esto quod huc ad nos venies egressus a corpore. Si autem, quod absit, mala vita vixeris, vidisti quanta te expectent tormenta. In isto autem reditu quo nunc redibis nec demones nec tormenta formidabis, quia demones ad te non audebunt accedere, nec tormenta que vidisti te poterunt ledere." „Hinc, ait miles lugens, recedere non potero, quia, si hinc recessero, ne per fragilitatem aliquid admittam quod me huc venire impediat timeo." „Non, inquiunt, sicut tu vis, erit, sed sicut Ille qui et nos et te fecit." Merens igitur ab eis ad portam reducitur, et contra voluntatem inde est egressus et porta post eum clauditur.

Via igitur rediit qua venit, donec ad aulam predictam pervenit. Demones vero quos in ipso reditu vidit, quasi timentes eum, ab eo fugerunt, et tormenta per que transivit illi omnino non nocuerunt. Et cum intraret in aulam super columpnas structura mirabili factam in qua post visionem sanctorum ei occurrit antea multitudo demonum, statim occurrerunt ei iterum XII predicti viri, laudantes Dominum de bona constancia quam contulit ei. „Per laborem, inquiunt, quem sustinuisti a peccatis expurgatus es; nunc autem oportet ut hinc ascendas

quantocius; jam enim in tua patria clarescit aurora, et [nisi]
prior portam aperiens te invenerit, de reditu tuo ultra diffidens, obserata porta, in ecclesiam redibit." Sicque percepta
ab eis benedictione, prout potuit, ascendere festinavit. Eademque hora qua prior portam aperuit, et miles, de intro veniens, apparuit. Quem cum laudibus Christi prior suscipiens
ecclesiam introduxit. Ibique iterum XV diebus in orationibus
permanere fecit; cruce in humero accepta Iherosolimam perrexit, et, inde rediens, regem dominum suum consulturus adiit,
ut ejus consilio secundum illum religionis ordinem exinde viveret quem rex ipse illi laudaret.

De eodem

Diebus autem illis quibus circa regem ipse miles moraretur [La mission de
pro causa hujusmodi, pie memorie abbas Gervasius Ludensis Gilbert]
cenobii, qui ab eodem rege locum ad construendam abbaciam
acquisivit, monachum suum nomine Gilebertum de Luda, qui
postea fuit abbas de Basyngehewere, apud eundem regem in
Hyberniam misit, ut locum susciperet et abbaciam inciperet.
Cum vero ad regem veniens conquestus esset quod patrie illius nesciret linguam: „O, inquit rex, Deo auxiliante bonum
tibi interpretem inveniam." Et vocato milite ipso jussit ei
rex ut maneret cum eodem Gileberto. Nec re(n)nuit miles,
sed concessit regique domino ita dixit: „Gratanter debeo eis
servire, et gaudenter debetis monachos Cisterciensis ordinis in
terra vestra suscipere, quoniam, ut verum fatear, in alio seculo
in tanta gloria non vidi homines alios in quanta vidi eos esse."
Sicque miles cum Gileberto mansit. Sed nec monachus, nec 201, v°.
conversus esse voluit, quin pocius servum se domini reddidit.
Abbaciam ergo construere ceperunt, et duobus annis ac dimidio simul in ea manserunt. Gillebertus domus illius erat
cell[er]arius, miles vero in omnibus negociis minister fidelis et
interpres fuit ei devotus. De ipso milite Gillebertus testatur
quod sancte et religiose vixerit, quamdiu morabatur cum ipso;
quando vero solus alicubi cum eo fuit, hoc illum sepe pro edi-
ficatione narrare fecit. Postea vero monachi qui cum eo missi
fuerunt eum reliquerunt et ad Ludense cenobium in Angliam
redeuntes, militem sancte et honeste viventem in Hybernia
dimiserunt.

De eodem

Hec cum ipse Gillebertus coram multis, me quandoque au- [Témoignage
diente, sicut sepe a milite audierat pro edificacione retulis- de Gilbert]

set, unus affuit qui hec ita esse dubitare se dixit. Cui Gillebertus ita respondit. „Sunt quidam, inquit, qui dicunt intrantes, cum aulam primam intraverint, in extasi fieri et predicta ab eis in spiritu videri. Quod quidem miles omnino non concessit, quia corporalibus oculis hoc se vidisse et in corpore corporaliter pertulisse dicit." Adjecitque Gilbertus: „Si non credis quod ab eo audivi, pro certo, crede saltem quod oculis meis vidi."

De eodem

„In domo cui prefui monachum satis religiosum vidi qui, cum bonis operibus toto corde esset intentus, a demonibus, qui eum invidebant, dormiens de dormitorio corporaliter est delatus. Qui ita, nescientibus cunctis quid ei acciderit, tribus diebus et tribus noctibus a conventu abfuit, sicque postea relatus et in lecto jactatus, pene usque ad mortem est flagellatus, et horrende per loca in corpore vulneratus a demonibus fuit. Et, sicut ipse dixit mihi, stupenda et horrenda tormenta vidit, que non oblivioni tradidit; et quindecim postea annos vixit. Sed vulnera que illi a demonibus sunt infixa, in tota vita sua non fuerunt sanata; nullo enim medicamine sanari poterant, sed semper aperta et recencia fuerunt; fuit autem vulnerum illorum aliquod ita profundum quod longior digitus tuus in eo posset intrare usque ad manum. Et quando vidit aliquem juvenem ridere, vel aliquam inordinacionem facere, sic solitus est dicere: „O, si scires quanta huic inordinacioni maneat pena, certe non ita faceres." „Ego, inquit Gilbertus, vulnera ipsa vidi et attrectavi et gratias ago Deo omnipotenti

[Epilogue] quod ipsum sepelivi manibus meis." Hec, pater venerande, predictus Gilbertus et mihi et aliis pro edificacione narravit, sicut ipse ab eodem milite sepius audivit. Ego vero, sequens sensum verborum et narracionis ejus, prout intelligere potui, dixi vobis. Si quis autem hinc me reprehendere voluerit, sciat quod vestra me hoc scribere jussio coegit.

Explicit purgatorium Patricii et cetera.

§ 3 — Récit des aventures d'Owein d'après le manuscrit d'Utrecht [1])

Ici commence le récit du Purgatoire de saint Patrice de l'histoire d'Irlande.

Il y a dans un lac de l'Ulster une île dont une moitié est réservée aux bons, l'autre aux mauvais esprits; dans la première, habitée par les anges, il y a une belle église; dans la partie maudite il y a neuf trous; les diables y prennent leurs ébats; qu'un mortel se hasarde à y passer la nuit, ils lui font subir tant de tourments que le lendemain matin il est plus mort que vif. On dit que le pécheur qui se soumet volontairement à ces supplices échappera dans l'autre vie au feu de l'enfer.

Les gens du pays appellent ce lieu le „Purgatoire de saint Patrice". C'est grâce à ses prières que saint Patrice a obtenu de Dieu que ces choses fussent réalisées sur terre pour persuader les païens de l'existence des peines de l'enfer et des joies du paradis.

Frère H., le plus humble des moines, salue le Seigneur H., abbé de Sartis, son père en Jésus-Christ, et lui présente le récit qui va suivre comme une preuve d'obéissance. Vous m'avez ordonné, Père vénéré, de vous envoyer par écrit l'histoire du Purgatoire que j'ai entendu raconter et dont j'ai parlé en votre présence. Je m'y mets avec d'autant plus de plaisir que vous m'y avez pressé. Malgré mon désir de contribuer au

[Entrée en matière [2]) (résumé)]

[Dédicace]

[Prologue [3])]

---

[1]) C'est pour l'usage des lecteurs qui s'intéressent à la pensée médiévale, mais que rebuterait le latin obscur, diffus, prolixe et empêtré de l'auteur (cf. L. Foulet, *Marie de France et la légende du Purgatoire de saint Patrice*, dans *Romanische Forschungen*, XXII, p. 622), que nous avons entrepris de raconter les aventures du chevalier Owein en suivant pas à pas le récit tel qu'il se trouve dans le manuscrit d'Utrecht. Nous n'avons donc pas traduit le texte; nous avons supprimé, quand c'était sans inconvénient pour le sens de la phrase, des expressions d'atténuation et d'autres analogues; mais nous avons laissé subsister tout ce qui jette un jour si curieux sur cette mentalité très spéciale d'un moine de la fin du XIIe siècle.

[2]) Cette entrée en matière est le chapitre V de la IIe partie de la *Topographia Hibernica* de Giraldus Cambrensis, que le copiste a transcrit sans en indiquer la provenance; cf. *Neophilologus*, XII, pp. 132—137.

[3]) M. G. Dottin (*Louis Eunius ou le Purgatoire de saint Patrice*, Paris, Champion, 1911) ne parle qu'incidemment du prologue; M. Ph. de Félice (*L'Autre Monde, mythes et légendes. Le Purgatoire de saint Patrice*, Paris, 1906) en dit quelques mots; M. Endepols (o. l., t. I, p. 188) en donne un résumé fort succinct. Nous avons essayé d'en rendre l'esprit et la tendance générale.

salut de mes semblables, je n'aurais pas entrepris d'écrire sans en avoir reçu l'ordre. Que mon Père sache cependant que je n'ai jamais rien lu ni entendu raconter qui m'ait fait progresser davantage dans la crainte et l'amour de Dieu.

De même que saint Grégoire s'est étendu longuement sur les choses qu'éprouvent les âmes libérées de la matière et qu'il a, par son enseignement, effrayé les négligents et excité l'âme des justes à la piété, je persévérerai sur votre ordre pour le salut des simples d'esprit. Il cite maint exemple où de bons et de mauvais anges sont présents à l'heure de la mort pour entraîner ou conduire les âmes vers les instruments de torture ou dans les lieux de paix. Il reconnaît que certaines âmes habitant encore les corps avant la séparation suprême, ont été mises au courant de ces choses, soit par la voix intérieure de la conscience, soit par des révélations extérieures; il dit que quelques personnes, dont l'âme avait réintégré le corps après en avoir été séparée pendant quelque temps, ont raconté leurs visions et les révélations dont elles avaient été témoins, c'est-à-dire les supplices des mécréants ou les joies des justes; que leur récit cependant concernait toujours des choses matérielles, c'est-à-dire des fleuves, des flammes, des ponts, des navires, des maisons, des forêts, des prairies, des fleurs, des hommes noirs ou blancs ou d'autres choses de ce monde qu'on aime pour le plaisir qu'elles offrent ou que l'on craint pour le tourment qu'elles causent. Il dit que ces âmes sans corps matériel sont traînées par les mains, conduites par les pieds, pendues par le cou; qu'elles sont fustigées et terrassées, subissant des tourments qui ne sont pas en contradiction avec notre récit. Il est néanmoins avéré que bien des gens ont essayé de découvrir de quelle façon les âmes se séparent des corps, où elles vont, ce qu'elles trouvent, ce qu'elles éprouvent et ce qu'elles endurent. Mais, comme tout cela est caché, il y a plus d'avantage à craindre ce qui peut arriver que de se mettre en peine de découvertes. D'ailleurs, quel est celui qui sans appréhension a entrepris un voyage incertain? Il est évident qu'une vilaine mort ne termine jamais une vie édifiante; cependant, après leur mort, même les justes, prédestinés à la vie éternelle, seront tourmentés temporairement au purgatoire pour être purifiés des péchés commis; toutefois il leur sera tenu compte de leur mérite. A cette fin Dieu a préparé des peines corporelles dans des lieux matériels. Pourtant, on croit que les plus grandes peines sont en bas, parce que la culpabilité pèse et nous pousse à nous abaisser; les plus grandes joies ne sont accessibles qu'en montant vers elles par la justice, jusqu'au plus haut sommet. Entre les deux il y a ce qui n'est ni bien ni mal, et cela concorde avec notre écrit. Et puis, certains croient qu'il y a un enfer dans la cavité de la terre, un vrai cachot, une ergastule des ténèbres: cette histoire le prouve; et le paradis est vers le levant, dans l'intérieur de la terre, où les âmes des croyants passent leur temps d'une façon agréable, exemptes des peines du purgatoire.

Selon saint Augustin les âmes des bons d'une part, celles des méchants de l'autre, sont réunies dans des lieux différents pour se reposer ou souffrir. Saint Augustin et saint Grégoire disent que les peines peuvent être exercées par le feu matériel sur des âmes corporelles, ce que notre récit semble confirmer. Il est bien sûr qu'après leur mort les élus seront purifiés, qui plus, qui moins, en proportion de leur mérite, mais les hommes ne sont pas à même d'évaluer la durée de la purification, parce qu'ils ne savent pas déterminer le mérite.

Il est arrivé que certaines âmes séparées pendant un temps des corps qu'elles habitaient, y sont retournées sur l'ordre de Dieu; elles ont emporté de l'au-delà des signes spirituels pareils à des signes matériels, les vivants ne comprenant que ces derniers. Voilà pourquoi un être de chair, mortel, a dit qu'il a vu des choses spirituelles sous une forme et une apparence matérielles.

Quand j'aurai terminé mon récit, je vous dirai comment et dans quelles circonstances je l'ai entendu faire. Si j'ai bonne mémoire le narrateur a commencé comme suit:

Il y a bien longtemps de cela, saint Patrice prêchait en Irlande et glorifiait Dieu par ses miracles. Il s'ingéniait à rete- [Prédication de s. Patrice] nir du mal les âmes grossières des habitants en leur inspirant la crainte des tourments de l'enfer et à encourager les bons par les promesses des joies du paradis. „J'estime, a dit le narrateur de ces choses, que ces gens sont en effet grossiers. Je parle en connaissance de cause, car j'en ai eu la preuve par une certaine confession." [1] Saint Patrice dépeignait les joies célestes réservées aux croyants et les supplices affreux des-

---

[1] C'est à cet endroit qu'on trouve dans plusieurs manuscrits l'anecdote de l'Irlandais qui ne savait pas que tuer son prochain est un péché mortel.

tinés aux récalcitrants; il en était pour sa peine. Les païens lui dirent que jamais ils ne se convertiraient au christianisme à moins qu'un des leurs ne vît de ses propres yeux les récompenses et les tourments futurs. Cela seul pourrait les convaincre plus que les promesses ou les sermons. Le saint, affligé de leur endurcissement, pria, jeûna, fut charitable pour l'amour de Dieu et de son peuple. Un jour Jésus lui apparut, lui donna le texte des évangiles et un bâton. Ce sont de précieuses reliques qu'on a gardées, comme de juste, en Irlande et qui sont les insignes de la dignité supérieure du primat de ce pays. Le bâton a été nommé le bâton de Jésus, parce que le Seigneur l'a donné. Ce sont choses, d'ailleurs, qu'on trouve décrites dans la vie de saint Malachie [1]).

— Ensuite Dieu conduisit le saint dans un lieu solitaire, montra une fosse ronde et obscure et dit que tous les péchés seraient pardonnés à celui qui y pénétrerait. Il lui promit en outre que le pécheur repentant verrait non seulement les tourments que doivent subir les méchants, mais encore la joie des élus, à condition d'y passer un jour et une nuit, d'avoir le cœur rempli de contrition, de donner la preuve d'une foi inébranlable et de persévérer dans les bonnes résolutions.

Lorsque le Seigneur eut disparu de sa vue, le saint se sentit tout réconforté, parce qu'il savait comment il pourrait faire revenir son peuple de ses erreurs. Incontinent il fit construire en ce lieu une église qu'il commit aux soins de chanoines réguliers. Et pour que nul n'entrât sans permission dans la fosse, qui se trouve au cimetière devant la façade orientale de l'église, il fit bâtir alentour un mur pourvu d'une porte dont il donna les clefs à garder au prieur.

A cette époque maint pécheur y est entré pour faire pénitence. Ceux qui en sont ressortis ont raconté tout ce dont ils ont été témoins, et saint Patrice pour l'édification de ses ouailles a ordonné qu'on couchât par écrit leurs aventures. Grâce à ces témoignages, beaucoup de gens se sont convertis. Depuis on a appelé ce lieu le Purgatoire de saint Patrice et l'église a reçu le nom de Reglis.

Celui qui fut prieur de cette église après la mort de saint Patrice fut un homme de sainte vie. Il était si vieux et décrépit qu'il ne lui restait plus qu'une dent. (Saint Grégoire a

[Fondation d'une église près de la caverne]

[L'anecdote du prieur qui n'avait plus qu'une dent]

---

[1]) Saint Malachie, né à Armagh en Irlande, mort à Clairvaux (1094—1148), canonisé en juillet 1190.

raison de dire qu'un vieillard est toujours faible quand bien
même il est en bonne santé.) Pour ne pas incommoder les autres
conventuels par sa faiblesse, il fit arranger une cellule à côté du
dortoir commun des chanoines. Les jeunes gens élevés dans le
couvent, le plaisantaient maintes fois, lui demandant s'il voulait
s'éterniser sur cette terre. „Je préférerais, mon fils, disait-il
alors, quitter tout de suite cette terre, plutôt que de continuer
à y végéter." Les jeunes curieux entendaient souvent de
leur dortoir les anges [...]ter dans la cellule du prieur et
louer la dent que n'ava[...], jamais touchée les mets délicats,
le vieillard ne se nourri[...] que de pain sec et de sel, et ne
buvant que de l'eau [...] comme il l'avait désiré, cet
homme vénérable fut [...] dans le sein du Seigneur.

Il faut savoir qu'à l[...] saint Patrice, et plus tard
aussi, bien des gens son[...] purgatoire qui jamais plus
n'en sont sortis, y ay[...] doute péri. Par contre les
chanoines de l'église ont [...] lation de ceux qui sont re-
montés au jour.

Conformément aux p[...] de saint Patrice et de ses
successeurs, la tradition [...] que personne n'est admis au purgatoire sans l'a[...] de l'évêque dans l'évêché duquel il est situé. Quiconque manifestait à l'évêque le
désir d'y pénétrer en a toujours été dissuadé à cause des périls
qu'il aurait à affronter. Si, malgré les objurgations épisco-
pales, le pénitent persévère dans ses résolutions, il se rend
au purgatoire, porteur d'un bref de l'évêque, qu'il donne
ensuite au prieur; celui-ci, à son tour, exhorte le pénitent à
renoncer à son entreprise, tâche de lui faire envisager un autre
châtiment, mais, quand il constate que ses instances sont
vaines, il lui donne la permission de se rendre à l'église pour
y faire une retraite de quinze jours. Au bout de ce temps, le
prieur de ces lieux convoque les religieux du voisinage. Après
la messe, quand le pénitent a communié, un prêtre l'asperge
d'eau afin de l'exorciser, puis on le conduit en procession à la
porte du purgatoire, tout en chantant des litanies. Alors le
prieur en ouvre la porte, rappelle au pécheur la méchanceté
des diables et la disparition de beaucoup de téméraires. Si,
nonobstant, l'homme reste inébranlable, les prêtres le bénis-
sent; ensuite il se recommande à leurs prières, se signe et entre; le prieur verrouille la porte. La procession retourne à
l'église et se retrouve le lendemain matin devant la fosse, dont

le prieur rouvre la porte. Si l'homme est là, on le reconduit à l'église, où il passe de nouveau quinze jours en prières. Mais si, à la même heure le lendemain du jour où il est entré dans la fosse, le pénitent par malheur n'est pas là, le prieur, après avoir verrouillé la porte, s'en va avec tous les religieux.

[Le chevalier Owein] Or, il advint qu'un jour pendant le règne du roi Etienne [1]) un chevalier ayant nom Owein [2]) se confessa à l'évêque dans l'évêché duquel se trouvait le purgatoire. Celui-ci lui reprocha vertement d'avoir par ses péchés éveillé le courroux de Dieu. Le chevalier, fort affligé, résolut d'obtenir son pardon. Comme l'évêque voulait lui imposer une pénitence en proportion de ses fautes, le pécheur refusa. „Puisque j'ai tellement offensé Dieu, répondit-il, ma pénitence doit, en rigueur, dépasser toutes les peines imaginables. Je veux entrer au Purgatoire de saint Patrice".

[Préliminaires] L'évêque essaya encore de lui faire abandonner son projet; peine perdue. Le chevalier, étant vaillant, ne pouvait tomber d'accord avec lui sur ce point; l'évêque lui rappela la disparition de plusieurs de ses prédécesseurs; rien ne put effrayer l'âme du soldat. Alors le prêtre lui conseilla de revêtir le cilice des moines ou de prendre l'habit d'un ordre régulier. Owein refusa d'en rien faire avant d'être entré au purgatoire.

Ainsi que le prescrivaient les rites, le chevalier a passé quinze jours en prières dans l'église; puis, la messe a été célébrée le matin en présence des moines et des ecclésiastiques convoqués à cet effet; on conduit le chevalier à la fosse après l'avoir aspergé d'eau bénite. „Voici le lieu que vous [3]) dé-

---

[1]) Il s'agit d'Etienne, roi d'Angleterre (1135—1154), pendant le règne duquel le pays fut désolé par une anarchie incroyable. Le ms. Arundel 292 du Musée britannique note la date de 1153. Le ms. Cotton, Tiberius E i du Musée britannique parle de 1160, ce qui, évidemment, est une erreur, le roi étant à cette date mort depuis six ans.

[2]) Le ms. Arundel 292 (voir notre Supplément) mentionne qu'Owein était un homme vaillant, appartenant à la famille du roi Etienne, particularité que je n'ai trouvée dans aucun autre manuscrit.

[3]) Nous nous sommes servi partout de la 2me pers. pluriel quand, dans le texte latin, il y avait la 2me pers. sing. et nous avons suivi en cela l'exemple donné par Marie de France. Cf. F. Brunot, *La pensée et la langue*, p. 271. Pijper dans *De Kloosters*, 's-Gravenhage, 1916, p. 188, relève que les Dominicains, dont l'ordre, fondé en 1215, reflète dans sa discipline les usages de l'époque, devaient se servir de préférence de *vos* et non pas de *tu* et qu'ils ne devaient jamais mentionner le nom d'un d'eux sans le faire précéder de l'appellation *frère*.

sirez connaître, dit le prieur en lui ouvrant la porte; si vous nous en croyez, rebroussez chemin, vous pourrez toujours faire pénitence d'une autre manière. N'oubliez pas que maint pécheur y est entré qui jamais n'a revu la lumière et qui a péri à cause de sa foi inconstante et des tourments intolérables. Si cependant vous désirez entrer, je vous dirai ce que vous trouverez. — J'entrerai pour expier mes péchés, répliqua-t-il. — Voici, reprit le prieur; vous entrerez au nom de Dieu, vous marcherez dans le souterrain jusqu'à ce que vous arriviez dans un champ. Vous y verrez un palais d'une construction ingénieuse. Entrez. Des messagers viendront vous indiquer de la part de Dieu ce que vous aurez à faire; puis ils vous quitteront. C'est du moins ce qu'ont rapporté par écrit ceux qui ont fait pénitence ici." Owein, ayant un cœur viril, n'est pas intimidé par l'évocation des dangers qu'ont courus d'autres hommes avant lui; l'intensité de son repentir est telle qu'il ne tient aucun compte des avertissements. Lui qui, armé de fer, a pris part aux guerres des hommes, s'est élancé en avant, plein de foi, d'espérance et de justice pour entrer en lutte avec les diables. Et se recommandant aux prières de tous, portant au front le signe de la croix, joyeux et plein de confiance, il a franchi le seuil de la porte. Le prieur l'a verrouillée immédiatement sur lui et ensuite il est retourné à l'église.

Le chevalier, quoique seul, s'avance résolûment dans le souterrain pour aller à un nouveau genre de guerre. Derrière lui la lumière décroît, l'obscurité s'épaissit; devant lui une lueur grandit; il arrive au palais et au champ dont on lui a parlé. Il y régnait une clarté crépusculaire pareille à celle des soirées d'hiver chez nous. Le palais, sans parois, était construit comme les couvents de moines, avec des piliers et des arcs. Après s'être promené assez longtemps autour pour examiner à loisir le palais admirable, il est entré dans l'enceinte et a vu une construction plus merveilleuse encore. S'étant assis, il a jeté des regards curieux autour de lui, s'extasiant sur la beauté et la magnificence environnantes. *[Première étape du voyage]*

Tout à coup douze [1]) hommes, on aurait dit des moines, rasés de frais et de blanc vêtus, entrent dans le palais; ils le saluent au nom de Dieu et s'asseyent. Le principal d'entre eux, le prieur peut-être, lui adresse la parole, tandis que les autres *[Les douze messagers]*

---

¹) Sur ce nombre „douze" voyez notre article *Neophilologus*, X, p. 244.

écoutent religieusement. „Beni soit le Tout-Puissant, qui vous a inspiré votre bonne pensée! Puisse-t-il accomplir en vous ce qu'il a commencé! Puisque vous êtes venu ici pour être purifié de vos péchés, la nécessité vous obligera parfois à prouver votre vaillance, sinon vous vous perdrez irrévocablement par votre lâcheté. Dès que nous serons partis, ce palais se remplira d'un grand nombre de démons qui vous tourmenteront cruellement et vous menaceront de vous faire souffrir davantage encore; ils vous promettront de vous reconduire sain et sauf à la porte d'entrée. Si, vaincu par la douleur des tourments, effrayé par les menaces ou trompé par leurs promesses mensongères, vous consentiez à ce qu'ils vous proposeront, vous seriez perdu corps et âme. Mais si, inébranlable dans votre foi, vous espérez en Dieu afin de ne pas fléchir dans les tourments, si vous ne cédez ni aux menaces ni aux promesses, mais que vous les méprisiez du fond du cœur, vous serez purifié de vos péchés actuels, vous verrez les tourments préparés pour les méchants et la paix dont jouissent les justes. Ayez toujours Dieu présent à l'esprit; quand les démons se mettront à vous tourmenter, dites le nom de Jésus-Christ; à cette invocation tout supplice cessera. Il nous est impossible de rester davantage près de vous; nous vous recommandons à Dieu omnipotent." Après avoir béni le chevalier, ils disparaissent.

[Apparition des démons]

Resté seul, celui-ci revêt la cuirasse de la justice [1]), s'arme du bouclier de la foi et son esprit s'enveloppe de l'espérance de la victoire et du salut éternel, comme on se garantit la tête au moyen d'un casque; il brandit l'épée de l'esprit qui est la parole de Dieu, invoquant dévotement le Seigneur Jésus-Christ pour qu'il le couvre entièrement de sa protection royale et qu'il le préserve des embûches de ses adversaires. Il ne perdra pas l'amour paternel de Jésus-Christ, qui n'a pas coutume de leurrer ceux qui se fient à lui. Comme le chevalier avait été renseigné sur les choses à venir, il attendait avec intrépidité la lutte avec les diables, lorsque tout à coup autour du

---

[1]) Cf. Epître de saint Paul aux Ephésiens, chapitre VI: „Revêtez-vous de toutes les armes de Dieu, afin que vous puissiez résister aux embûches du diable.... Soyez donc fermes, ayant la vérité pour ceinture de vos reins, et étant revêtus de la cuirasse de la justice.... prenant, par-dessus tout cela, le bouclier de la foi.... Prenez aussi le casque du salut, et l'épée de l'Esprit, qui est la parole de Dieu."

palais s'élève un bruit formidable, pareil à un tremblement de terre. Si tout le genre humain et tous les êtres animés et toutes les bêtes y avaient été rassemblés, toutes leurs voix réunies n'auraient pu, à son avis, produire une clameur pareille. Sans la protection divine et sans les renseignements donnés par les messagers dont nous avons parlé, il fût devenu fou. Après le bruit épouvantable il eut la vision terrible des démons: ils surgissent de toutes parts; une multitude innombrable de diables difformes se mettent à rire à gorge déployée et à le railler. „D'autres serviteurs sont venus ici après leur mort, disent-ils, nous vous rendons grâce d'être venu de votre vivant; la récompense en sera d'autant plus grande. Puisque vous êtes venu ici pour subir le martyre, nous vous donnerons abondamment ce que vous méritez: vous gémirez dans les douleurs et les tourments. Cependant pour vous récompenser des services rendus, si vous y consentez, nous vous reconduirons à la porte d'entrée pour que vous puissiez encore avoir de la joie, vivre dans le monde et ne pas perdre entièrement ce qui plaît à votre corps." La peur ne fait pas trembler le soldat du Seigneur et les paroles engageantes restent sans effet aucun. Grâce à son courage, il méprise les terroristes et les flatteurs. Il s'assied et se tait. De dépit les mauvais esprits élèvent un [L'épreuve] bûcher formidable et y jettent le chevalier pieds et poings liés; tout en criant ils le travaillent avec des crocs de fer. Mais lui, protégé par le rempart de son roi ainsi que par les conseils des messagers, n'oublie guère de quelle façon il doit se défendre contre leurs attaques. Il dit le nom de Jésus; à l'instant même le brasier s'éteint, il n'en reste plus la moindre étincelle. En constatant ce miracle, le chevalier sait de quelles armes il devra se servir désormais, il n'aura qu'à invoquer le nom du Très-Saint; cette certitude augmente son intrépidité.

Les démons se mettent à hurler et à crier de plus belle; [Premier tour-
diables et victime, tous quittent le palais, une partie seule- ment]
ment des esprits malfaisants entraîne le chevalier vers une région déserte où la terre était noire et où régnait l'obscurité; Owein ne distinguait plus que les diables qui l'entraînaient. Le vent qui y soufflait le transperçait. Par un chemin de traverse ils vont vers les lieux où le soleil se lève aux plus longs jours de l'été. Ayant atteint pour ainsi dire le bout du monde, ils prennent à droite et se dirigent à travers une large vallée, vers le midi, à savoir vers l'endroit où le soleil se

lève en hiver. Et laissant errer ses regards de ce côté, Owein perçoit des plaintes pitoyables, des cris et des gémissements qu'on aurait cru poussés par l'humanité entière; les diables l'avaient conduit dans un immense champ de douleur et de misère. Il y avait là des hommes et des femmes de tout âge, couchés face contre terre et cloués aux pieds et aux mains par des clous de fer rougis à blanc. Tantôt à force de souffrir ils mangeaient de la terre, tantôt ils demandaient grâce d'une voix lamentable. Mais il n'y avait là personne qui eût pitié; les esprits de l'enfer qui circulaient entre eux, les fouettaient de lanières et ils dirent au chevalier: „Vous passerez aussi par ces tourments, à moins que vous ne suiviez nos conseils; renoncez à vos projets et vous pourrez retourner sain et sauf à la porte d'entrée." Le chevalier se rappelant comment Dieu une première fois l'a délivré de leurs griffes, dédaigne leurs propositions. Alors ils le terrassent et essayent de le clouer; mais le chevalier invoque Jésus, et il leur est impossible de le faire souffrir.

[Deuxième tourment]   De là les mauvais esprits l'ont traîné dans un autre champ, où la misère était plus grande encore. Il y avait là des êtres humains de tout âge, cloués le dos à terre. Des dragons ardents étaient assis sur la poitrine de quelques-uns d'entre eux et les mordaient pour les dévorer. Des serpents s'enroulaient autour du cou et des bras de quelques autres et enfonçaient le dard ardent de leur bouche dans le cœur des malheureux. Des crapauds d'une grandeur prodigieuse se tenaient sur la poitrine de certaines victimes et de leur „bec" affreux tentaient d'arracher les cœurs. Et les damnés ne cessaient de se lamenter. Des démons les flagellaient et les tourmentaient. Il était impossible à Owein de voir le bout du champ en longueur, mais ses yeux pouvaient bien en mesurer la largeur, parce qu'il était venu par là. Les diables et lui traversèrent le champ en diagonale. „Vous allez souffrir dans les mêmes tourments, lui dirent-ils, à moins que vous ne retourniez sur vos pas." Mais il n'écouta pas leurs conseils, ils se jetèrent sur lui pour le maltraîter; cependant, après qu'il eut invoqué Jésus, ils n'en eurent plus la force.

[Troisième tourment]   Ils le conduisirent ensuite vers un champ plein de misères, où fourmillaient pêle-mêle des êtres des deux sexes et de tout âge. Ils étaient fichés au sol par tant de clous rougis à blanc que leur corps en était couvert; on n'aurait pu y trouver une place grande comme le bout du doigt où il n'y eût

des clous. Les malheureux n'étaient pas en état de crier,
ils gémissaient à voix basse comme ceux qui vont mourir, et
ils étaient nus comme tous ceux qu'Owein avait vus précédemment ; un vent glacial les desséchait et les démons les fouettaient. „Vous aller subir les mêmes supplices, lui dirent-ils,
à moins que vous ne consentiez à rebrousser chemin." Et
comme ils s'apprêtaient à transpercer le chevalier de clous,ce-
lui-ci appela Jésus à son aide, et ils ne purent lui faire aucun
mal.

Poursuivant leur route, ils arrivèrent à une plaine où les [Quatrième
damnés étaient torturés dans un grand nombre de brasiers. tourment]
A des chaînes rougies au feu certains pendaient par les pieds,
d'aucuns par les mains, d'autres par les chevilles, tous la
tête en bas et plongés dans des flammes de soufre ; il y en avait
dont les flammes léchaient le bas du corps et qui étaient suspendus à des crochets de fer par les yeux, les oreilles, les
narines, la gorge, les mamelles ou les parties sexuelles. D'autres brûlaient dans des fours remplis de soufre ou dans des
chaudières ; d'autres encore rôtissaient au feu, passés à des
broches que tournaient des diables placés aux deux bouts,
tandis que d'autres démons arrosaient les victimes de métaux
fondus ; et comme si cela ne suffisait pas, les bourreaux les
frappaient, n'épargnant personne. Le chevalier y vit quelques-
uns de ses camarades et les reconnut. Aucune voix humaine
n'est à même de rendre les gémissements, les pleurs et les
cris qu'il y entendait. Et cette plaine était remplie d'êtres
martyrisés et de leurs tortionnaires qui, voulant supplicier
le nouveau venu de n'importe quelle façon, se jetèrent sur lui ;
mais lorsque leur victime eut invoqué le nom de Jésus, ils
furent incapables d'en rien faire.

De là ils descendirent tous ensemble vers une grande roue [Cinquième
dont les rais et les bandes de fer étaient hérissés de toutes tourment]
parts de crochets incandescents, auxquels étaient suspendus
des êtres humains. Une partie était en l'air, l'autre partie
trempait dans un brasier horrible, dont les flammes sulfu-
reuses jaillissaient du sol et consumaient d'une façon dou-
loureuse ceux qui étaient accrochés à la roue. „C'est ce qui
vous attend, dirent les diables au chevalier, à moins
que vous ne vouliez retourner sur vos pas. A l'instant même
vous allez être témoin des souffrances de ceux que voilà."
Alors quelques diables, des deux côtés de la roue, y passent

une barre de fer en guise de levier et lui impriment un mouvement rotatoire si violent que le chevalier croit voir un cercle
de feu: il ne distingue plus les victimes gémissantes et pan-
telantes. Les persécuteurs alors le saisissent, le jettent sur
la roue, qu'ils mettent en mouvement. Il arrive en l'air; mais
en redescendant il dit le nom du Christ: immédiatement il
quitte la roue, ce que voyant, les diables l'entraînent vers
d'autres supplices.

[Sixième tour-
ment]

Ensuite, devant lui se dresse une grande maison plus longue
que large apparemment, puisqu'il lui était impossible d'en
voir les deux bouts, et qui fumait comme un four. On
l'y traîne jusqu'à une petite distance. Il lui aurait été impossible de supporter la chaleur excessive qui s'en échappait,
s'il avait voulu avancer. „Pourquoi hésitez-vous à présent?
lui dirent les démons. Voilà une maison de bains. Bon gré
mal gré vous allez y prendre un bain." On entendait des
plaintes monter de la maison et, une fois entré, un tableau
horrible se présentait aux yeux. Il y avait là des fosses cir-
culaires en tel nombre qu'à peine un chemin se distinguait
entre elles. Il y avait des fosses spéciales remplies de différents liquides en ébullition, où étaient plongés en foule des
êtres des deux sexes et de tout âge; quelques-uns y baignaient
des pieds à la tête, d'autres jusqu'aux sourcils, qui jusqu'aux
yeux, qui jusqu'au cou, jusqu'à la poitrine, jusqu'au nom-
bril, jusqu'aux cuisses, jusqu'aux genoux, jusqu'aux chevilles; d'autres encore ne trempaient qu'une jambe dans le
métal fondu; quelques-uns encore y tenaient une main,
d'autres les deux. Tous gémissaient également de douleur,
tous se lamentaient en pleurant. „Vous aurez un bain pareil,
dirent les diables, à moins que vous ne vouliez retourner."
Comme ils allaient le plonger dans une fosse, Owein a invoqué
le Christ, et ils ont quitté ces lieux.

[Septième
tourment]

Ils l'entraînèrent ensuite vers une montagne où il vit
une multitude de gens nus des deux sexes et de tout âge qui
se tenaient accroupis en se penchant en avant; cette foule
était plus nombreuse que toutes celles qu'il avait vues
précédemment; tous les malheureux avaient le visage tourné
vers le nord, et en tremblant ils attendaient la mort. Etonné,
il se demanda pourquoi ils étaient transis de peur; un des
démons de lui dire alors: „Vous vous demandez sans doute
ce qu'ils attendent tous si anxieusement; vous le saurez, à

moins que vous ne vouliez retourner sur vos pas." A peine le diable eut-il fini de parler qu'un tourbillon venant du nord jeta pêle-mêle et les mauvais esprits, et celui qu'ils menaient, et la foule entière, de l'autre côté de la montagne dans un fleuve infect et glacé. Essayaient-ils d'en sortir, des diables qui circulaient sur l'eau les y replongeaient. Mais le chevalier invoqua le nom du Christ et aussitôt il se retrouva sur l'autre rive.

Alors les diables se dirigèrent avec lui vers le midi et ils [Huitième tourment] virent jaillir de terre un feu terrible, sentant le soufre, qui jetait en l'air des êtres humains incandescents, lesquels, comme des étincelles, retombaient dans le puits quand la force des flammes diminuait. „Ce puits embrasé est l'entrée de l'enfer, notre demeure, dirent les diables à Owein quand ils furent tout près. Vous y habiterez indéfiniment en notre compagnie parce que vous nous avez bien servis. Mais une fois que vous y serez descendu, vous serez perdu corps et âme à tout jamais. Si cependant vous consentez à retourner à la porte par où vous êtes entré, vous pourrez nous quitter sans pâtir." Comme Owein accepte d'avance l'aide de Dieu et fait fi de leurs promesses, il est saisi et jeté dans le feu du puits; à mesure qu'il y descend il le voit s'élargir et la douleur augmente. Son angoisse grandit au point qu'il en oublie son Sauveur. Mais, comme à ce moment Dieu lui vient en aide, il invoque le nom de Jésus-Christ. Et aussitôt la violence de la flamme le soulève en l'air avec les damnés et c'est ainsi qu'après une petite ascension il se trouve sur le bord du puits; il s'en éloigne, ne sachant de quel côté se diriger. Alors d'autres diables, qu'il ne connaissait pas encore, sortirent du puits et s'approchèrent de lui. „Ah, vous voilà! lui dirent-ils; nos camarades vous auront appris que c'est ici l'enfer; sachez pourtant que notre habitude est de mentir toujours afin de tromper par le mensonge ceux que nous ne pouvons tromper par la vérité. Ce n'est pas ici l'enfer, mais nous allons vous y conduire."

Ils l'entraînèrent, en faisant beaucoup de vacarme, vers un [Neuvième tourment] large fleuve sur lequel on voyait force diables et où flottaient des flammes provenant d'un feu de soufre. Un pont reliait les deux rives. „Vous devez traverser ce pont, lui ordonnat-on, et le vent qui vous a lancé dans l'autre fleuve, vous jettera également dans celui-ci; nos camarades s'empareront de vous et vous plongeront dans les profondeurs de l'enfer.

Pourtant vous devrez essayer d'abord de franchir le pont."
Et le tenant par les mains, les démons l'y traînèrent. Trois
choses étaient à craindre pour ceux qui s'y hasardaient:
premièrement, le pont était si glissant que personne n'aurait
pu y mettre le pied, même s'il avait été large; en second lieu,
il était trop étroit pour qu'on pût y marcher; enfin, il était
si élevé que le vertige gagnait ceux qui osaient regarder en
bas. „Si pourtant vous voulez consentir à retourner sur vos
pas, dirent les guides à Owein, nous vous reconduirons indemne à la porte d'entrée."

Se souvenant de combien de périls Jésus l'avait déjà tiré,
le chevalier se hasarda sur le pont. A mesure qu'il avançait,
sa sécurité augmentait, car le pont paraissait s'élargir des
deux côtés; voici qu'une voiture chargée aurait pu y passer à
l'aise, et un peu plus loin deux chars auraient pu s'y rencontrer
et passer l'un à côté de l'autre.

Les diables qui l'avaient conduit, étaient restés sur le
bord du fleuve [1]), et voyant le chevalier leur échapper, ils
élevèrent une telle clameur, que ces cris lui firent plus de
mal que n'auraient pu faire les tourments. D'autres diables
qui étaient sous le pont et sur l'eau, tâchaient de l'agripper
avec des crochets, mais ils ne purent l'atteindre. Comme Owein
ne rencontrait plus aucun obstacle, il continua tranquillement
d'avancer et le pont s'élargissant au fur et à mesure il jeta un
regard des deux côtés et ne vit plus l'eau du fleuve que de
fort loin.

[Homélie]   Que l'on compare les tentations de la vie aux supplices et
aux tristesses des lieux dont nous avons parlé; pesée dans
la balance de notre esprit, cette détresse (aussi pesante que
l'amas des sables de la mer) semblera plus intolérable que
toutes les tentations. Nul homme ne se complaira à satisfaire
les désirs de la chair, tant que ses pensées seront tournées
vers ces choses. La vie où les besoins du corps et de l'âme

---

[1]) En Irlande, la route que doivent suivre les enterrements n'est pas quel-
conque. Dans le comté de Wicklow, à Castlemacadam, le convoi funèbre
doit passer la rivière (G. H. Kinahan, *Notes on Irish folklore; The Folklore
record*, t. IV, p. 119). La raison en est, sans doute, la croyance répandue que
les mauvais esprits ne peuvent passer l'eau (cf. Curtin, *Tales of the fairies*,
p. 194, et *La légende de la mort chez les Bretons armoricains* par Anatole Le
Braz, Paris, 1923, t. I, p. 148, note 2).

sont satisfaits, sans qu'il faille s'en inquiéter[1]), est assurément
plus aisée que celle dont vous avez entendu raconter les
tourments, par lesquels je prie néanmoins que nous passions
souvent en esprit. Aidons nos bien-aimés qui sont là à cause de
leurs péchés; en effet, on dit au chevalier: tous ceux qui
doivent expier leurs péchés hors du puits et qui sont suppliciés en quelque endroit, seront délivrés de leurs peines par
les prières et les bonnes œuvres qui auront été faites à leur
intention. C'est dans ces lieux que nos pères, mères, sœurs,
frères ou amis subissent leurs tourments; quelques-uns
attendent leur tour d'être purifiés et d'autres s'attendent à
être délivrés par nos prières et nos bienfaits.

Le chevalier poursuivant sa route, délivré des diables, vit [Le paradis
devant lui un mur d'une construction merveilleuse et terrestre]
admirable; il y vit une porte fermée incrustée de métaux
et de pierres précieuses et qui brillait d'un éclat non-pareil.
Il se dirigea vers cette porte, qui s'ouvrit lorsqu'il en était
encore éloigné d'un demi-mille environ; des effluves si par-
fumés s'en échappèrent pour venir à sa rencontre, qu'il lui
sembla que, si toutes les choses de ce monde pouvaient changer
en parfums, ceux-ci ne pourraient cependant les surpasser en
suavité. Il y puisa une telle force qu'il aurait pu supporter
tous les tourments qu'il avait vus et endurés.

Et jetant un regard par la porte, il vit un pays splendide,
plus éblouissant même que la clarté du soleil. Il le contempla
et désira entrer. Et voici qu'une procession s'avança portant
croix, bannières et cierges, et des branches pareilles à des
rameaux d'or; cette procession était plus grandiose que celles
qu'on voit sur terre. Il y vit des archevêques, des archidiacres,
des évêques, des abbés, des moines, des anciens et des serviteurs gradés de l'église, portant chacun le vêtement sacré
de son rang. Et tous, clercs et laïcs, portaient le vêtement
de ce monde sous lequel ils avaient servi le Christ. Ils accueil-
lirent le chevalier pas des marques de vénération et de joie.
Ensuite ils le firent passer par la porte, en chantant des
airs d'une harmonie inconnue ici-bas. Les chants ayant cessé,
deux hommes, archevêques ou archidiacres, reçurent le
chevalier pour lui montrer le pays; ils devaient le guider et
l'accompagner. D'abord ils louent Dieu d'avoir avec une

---

[1]) Cf. *Neophilologus*, X. p. 245, où une erreur de rédaction s'était glissée
dans cette phrase.

constance si évidente fortifié son âme dans les tourments. Parcourant le pays en compagnie des ses guides, il vit des choses agréables et plaisantes plus qu'il n'aurait su le dire. Le pays était inondé d'une lumière intense: de même que la lueur d'une lanterne pâlit devant la splendeur du soleil, de même le soleil de midi aurait été obscurci par la trop grande clarté répandue partout. De belles prairies étaient émaillées de fleurs, de fruits, de plantes et d'arbres, dont l'odeur seule aurait suffi à le faire vivre éternellement.

Jamais l'obscurité ne régnait dans ces parages, le ciel toujours serein, brillait d'une splendeur indicible. Il vit une foule d'élus composée d'hommes et de femmes, et si nombreuse que jamais il n'en avoit vu de semblable. Les bienheureux se groupaient par couvent; cependant tous pouvaient circuler à loisir. Et c'est ainsi qu'ils se réjouissaient de la vue et de la visite des allants et des venants. Des chœurs louaient le Créateur par des chants suaves. De même que les étoiles diffèrent entre elles par leur clarté, il y avait une différence dans l'éclat des vêtements et des visages. On voyait des habits de toutes les couleurs; la coupe cependant révélait au chevalier la condition et le rang qu'avaient occupés sur terre ceux qui les portaient. Il y avait des rois couronnés et d'autres agitaient des rameaux d'or. Partout le chevalier entendait le chant des saints glorifiant Dieu. Il y en avait qui se réjouissaient de leur propre bonheur, d'autres de la délivrance de leurs amis. Un si suave parfum embaumait le pays qu'il sustentait les habitants et ceux qui s'y promenaient. Les demeures étaient réservées à des groupes différents, et quelques-unes étaient resplendissantes de lumière. Les bienheureux félicitèrent Owein d'avoir été délivré de la mort; on l'acclamait et on glorifiait Dieu. Partout résonnait le chant des Saints; il ne sentait ni la chaleur, ni le froid, il ne voyait rien qui pût le blesser ni lui faire du tort; tout était paisible, agréable et charmant.

[Allocution des archevêques] „Frère, dirent les archevêques, vous avez vu ce que vous désiriez connaître, c'est-à-dire les tourments des pécheurs et la paix des élus. Gloire au Créateur et Rédempteur, qui vous a inspiré et qui vous a donné la force de résister aux supplices. Et comme grâce à sa bienveillance vous êtes venu jusqu'à nous, nous vous expliquerons ce que vous avez vu. Ce pays est le paradis terrestre, d'où l'homme a été chassé

pour être jeté dans les misères du monde. Puisqu'il ne voulait
plus se soumettre par obéissance aux commandements de
Dieu, il n'a pas mérité de contempler plus longtemps les
joies célestes de ce lieu. C'est ici que d'un cœur pur il a entendu
la parole de Dieu et qu'il a partagé la béatitude des anges.
Lorsqu'il déchut par désobéissance, la lumière de l'esprit,
qui l'éclairait, l'a quitté. Nés de sa chair, nous sommes tous
pécheurs, mais grâce à notre foi en Jésus-Christ et grâce à
notre baptême, nous sommes revenus dans ces lieux. Par la
grâce du Saint-Esprit nous avons cru à l'existence d'une
autre vie, que nous n'étions pas à même de connaître par
expérience comme lui. Cependant, ayant été en proie aux
péchés actuels, nous n'avons été admis ici qu'àprès avoir été
purifiés dans les tourments que vous avez vus; car l'expiation
commencée avant la mort ou après, et que nous n'avons pas
achevée, nous la parfaisons dans les lieux de supplices et nous
y restons pour être purifiés, qui plus, qui moins, à proportion
de la gravité et du nombre de nos péchés. Nous tous, qui
nous délectons dans la paix, nous avons gémi dans les tourments. Ainsi donc, tous ceux que vous avez vus dans les
lieux de souffrance, excepté ceux qui sont en bas dans le puits,
se reposeront un jour, après avoir été purifiés, dans la paix
que nous goûtons. Or, tous les jours il nous vient d'autres
âmes et nous allons à leur rencontre comme nous avons
fait pour vous. Ceux qui sont châtiés ignorent combien
de temps ils devront souffrir; pourtant les messes et
les psaumes chantés à leur intention, les prières dites pour
eux et les aumônes faites en leur nom, allègent leurs tourments: ils passent de peines atroces à d'autres moins
cruelles jusqu'à ce qu'ils soient entièrement purs. C'est
un lieu de passage. Bien que nous soyons exempts de
peines, nous ne sommes pas dignes de monter jusqu'aux plus
grandes joies du ciel; aucun de nous ne sait quand il quittera ces
lieux, car Dieu en a fixé le moment pour chacun de nous sépa-
rément et notre compagnie s'accroît et décroît tous les jours."

Ensuite les deux prêtres conduisant le chevalier vers une [Paradis céles-
montagne, l'invitent à lever les yeux. Ils lui demandent te]
de dire à quoi le ciel ressemble. Le chevalier répond qu'il fait
penser à la couleur d'or d'un feu qui brûle dans un foyer.
„C'est la porte du ciel, lui dirent-ils. Ceux qui nous quittent
entrent par là .Tout le temps que nous demeurons ici, le

Seigneur nous nourrit chaque jour d'une façon céleste. Vous pourrez en juger bientôt vous-même." A peine eurent-ils fini de parler, qu'une sorte de faisceau de lumière descendit du ciel, inonda le pays entier et, se divisant en rayons, se posa en même temps sur la tête de tous les assistants. Le chevalier se sentit pénétré d'une telle douceur qu'il ne savait plus s'il était mort ou vif. Cependant cette heure passa vite. „Tous les jours nous sommes nourris ainsi pendant une heure, dirent les archevêques, mais les bienheureux qui montent au ciel le seront éternellement."

Le chevalier aurait voulu rester encore, si on le lui avait permis. „Puisque vous avez vu, dirent les guides au chevalier, ce que vous désiriez connaître, la paix des élus et les tourments des pécheurs, vous devez retourner sur vos pas et suivre le même chemin en sens inverse. Si, à partir de ce jour, vous menez une vie exemplaire, soyez persuadé que vous viendrez ici, lorsque votre âme aura quitté votre corps. Si, au contraire, vous vous conduisez mal, ce qui n'est guère à souhaiter, vous savez quels supplices vous attendent. Sur votre parcours vous n'aurez rien à craindre ni des diables, ni des tourments.

„Je ne puis quitter ces lieux, répondit le chevalier tristement, parce que j'ai peur de céder à ma faiblesse, ce qui m'empêcherait de revenir ici." „Non, répliquèrent-ils, il ne sera pas fait selon votre volonté, mais selon celle de notre Créateur." Le chevalier pleure; on le reconduit à l'entrée malgré lui; il sort et la porte se referme.

[Le retour du chevalier] Il retourne à la salle dont nous avons parlé; les diables qu'il rencontrait sur son passage s'enfuirent à son approche comme s'ils le redoutaient, et les tourments par lesquels il était obligé de passer ne lui firent aucun mal. Et lorsqu'il fut entré dans la salle merveilleuse où, après avoir vu les saints, il avait rencontré les diables pour la première fois, les douze hommes s'avancèrent louant le Seigneur de la constance qu'il lui avait octroyée. „Tous vos péchés vous seront pardonnés, lui dirent-ils, à cause des épreuves que vous avez subies; mais il est urgent que vous remontiez; le soleil va se lever dans votre pays et le prieur, ne vous voyant pas venir et ne comptant plus sur vous, pourrait refermer la porte et s'en retourner à l'église."

Après avoir été béni, le chevalier s'est hâté de remonter

au jour; il se trouva devant la porte au moment même où le prieur l'ouvrait. Celui-ci l'accueillit, loua le Christ et le conduisit à l'église; Owein y resta quinze jours en prière, puis, la croix sur l'épaule, il partit pour Jérusalem. A son retour il se rendit auprès de son roi pour le consulter sur le choix d'un ordre.

Or, à l'époque où le chevalier résidait à la cour de son roi, Gervais, abbé de Luda, de pieuse mémoire, obtint de ce même roi l'autorisation de bâtir un couvent en Irlande. Pendant le règne de ce même roi il envoya un de ses moines, nommé Gilbert, qui devint plus tard abbé de Basingehewere, pour prendre possession de la terre octroyée et commencer la construction de l'abbaye. Gilbert s'étant plaint auprès du roi de ne pas savoir la langue du pays, „Eh bien, avait répondu ce dernier, avec l'aide de Dieu, je vous enverrai un bon interprète.''

Le roi appela lui-même Owein et lui ordonna d'accompagner Gilbert. „C'est avec plaisir que je dois les servir, dit-il, et vous devez recevoir gracieusement dans votre royaume les moines cisterciens; en vérité je n'ai pas vu dans l'autre monde d'hommes environnés d'autant de gloire qu'eux.'' C'est ainsi que le chevalier habita avec Gilbert et qu'ils bâtirent l'abbaye, ce qui prit deux ans et demi. Owein assista le moine, gardien de la celle, dans toutes les difficultés qui se présentaient; il fut un serviteur fidèle et un interprète dévoué. Gilbert témoigne de lui qu'il a vécu saintement en toute dévotion aussi longtemps qu'ils sont demeurés ensemble. Un jour qu'ils étaient seuls, Owein raconta à Gilbert ce qui lui était arrivé et, quand ce dernier et ses compagnons le quittèrent pour retourner au couvent de Luda en Angleterre, ils dirent adieu au chevalier et le laissèrent en Irlande, où il vécut saintement et dignement.

Un jour que Gilbert racontait ces choses à tout un auditoire dont j'étais, quelqu'un exprima des doutes. „D'aucuns prétendent, dit Gilbert, que les gens qui étaient descendus dans la fosse avaient été tellement ravis par l'extase, qu'ils ont cru voir les choses que j'ai racontées; seulement le chevalier n'a jamais voulu concéder cela, parce qu'il avait vu, de ses propres yeux vu et qu'il avait senti les tourments dans sa chair. „Quant à moi, continua Gilbert, dans la maison où j'ai été abbé, j'ai vu un moine très dévot qui s'adonnait de tout son cœur à de bonnes œuvres. Il avait éveillé la jalousie des démons, qui l'enlevèrent une nuit pendant son sommeil; trois jours et trois nuits durant on ne le vit pas. Comme il l'a raconté plus tard, ils l'avaient jété sur un lit et ils l'avaient martyrisé cruellement; il m'a certifié qu'il avait vu des choses stupéfiantes et horribles, qu'il ne pouvait oublier. Il a vécu quinze ans encore. Mais les blessures que les diables lui avaient faites, ne se sont jamais guéries; aucun onguent n'a pu les cicatriser. Une de ses plaies était si profonde qu'on pouvait y enfoncer le doigt jusqu'à la paume. Et quand il voyait rire un jeune homme ou manquer tel autre à une règle conventuelle: „Si vous saviez, disait-il alors, quel est le châtiment réservé à ce péché, en vérité vous seriez plus attentif." Moi, disait Gilbert, j'ai vu ces plaies, je les ai touchées, et je rends grâces à Dieu Tout-Puissant, qui m'a permis de l'enterrer de mes propres mains."

[Epilogue] Vénéré Père, Gilbert nous a raconté ces choses, à moi et à quelques autres pour notre édification, comme il les avait entendu raconter à son tour au chevalier.

Et moi, pour autant que j'ai pu comprendre le sens des paroles et le récit, je vous l'ai répété. Si cependant quelqu'un trouvait à y redire, qu'il sache que j'ai commencé d'écrire sur votre ordre.

C'est ici que finit le Purgatoire de saint Patrice.

CHAPITRE II

I

Il est évident que le *Tractatus de purgatorio sancti Patricii*
a dû toucher particulièrement le cœur et l'imagination des
contemporains du moine inconnu qui l'a écrit vers la fin
du XIIe siècle; sans cela le grand nombre de copies datant
du moyen-âge, tant en latin qu'en différentes langues
vulgaires, ne s'expliquerait pas. Abstraction faite de certaines
divergences et de quelques interpolations, le Purgatoire de
saint Patrice est le récit de la visite du chevalier Owein à une
caverne mystérieuse, où il obtient de son vivant le pardon
de ses péchés.

D'emblée cette histoire a dû conquérir les esprits: l'auteur
y décrivait avec force détails les supplices infligés aux pécheurs et les joies du paradis. Et il n'inventait rien! Il tenait
ses descriptions d'un certain moine Gilbert, devenu plus
tard prieur d'un grand couvent, qui les avait entendu faire
à Owein même. Celui-ci, ayant gravement offensé Dieu,
avait voulu expier ses méfaits d'une façon exemplaire. Le
bruit courait que tous les péchés seraient remis à qui oserait
affronter les diables et leurs instruments de torture dans une
sorte de fosse que Dieu lui-même avait montrée à saint
Patrice. Le chevalier y était descendu pour faire pénitence.
Lors d'un séjour assez long que Gilbert avait dû faire en
Irlande, où habitait Owein, celui-ci avait eu l'occasion de lui
raconter par le menu ce qu'il avait vu et souffert. Les copies
de cette histoire merveilleuse se multiplièrent, parce qu'on
pensait apparemment qu'elle pouvait contribuer à amener
la conversion des pécheurs et à maintenir les âmes craintives
dans l'appréhension des peines futures. D'ailleurs les descriptions de frère H., l'auteur littéraire des aventures d'Owein,

n'avaient rien d'insolite; elles concordaient avec les productions des imagiers dont les chimères et les démons grimaçaient aux gouttières des églises; leurs saints et leurs saintes, rigides sous les plis de marbre du vêtement, proclamaient la béatitude céleste et la félicité sans bornes des élus. Mais le *Tractatus* est loin d'égaler la splendeur de la statuaire contemporaine. N'oublions pas que frère H. écrivait sur commande un récit qu'il tenait de seconde main, que son but n'était pas de charmer mais d'édifier, que l'ordre des Cisterciens auquel il appartenait, bannissait de parti pris tout ce qui ressemblait à l'art. Du reste auteur, lecteurs, auditeurs, tous avaient le temps. A quoi bon se presser? Le plaisir ne consiste pas à courir au plus vite, à arriver au bout de l'œuvre ou de l'histoire, l'essentiel est de savourer longuement tout ce qui est propre à piquer l'intérêt et à exciter l'admiration. Pas de coup de théâtre, le moment le plus palpitant du récit est celui qui doit arriver nécessairement et qu'on attend patiemment puisqu'il ne saurait manquer de se produire. De là des répétitions, des reprises, des digressions, des avertissements que nous aimerions bien éliminer, mais qui sont inséparables de la contexture même de cette œuvre médiévale. Et le copiste ou le récitant, dont l'imagination était fertile, ajoutait encore du sien, persuadé que son auditoire ne réclamerait pas; parfois aussi, mais rarement, il retranchait, de façon qu'en examinant le texte qui présente le terme auquel a abouti ce recit, on retrouve à peine le canevas sous la broderie disparate de plusieurs collaborateurs successifs. Puis, passant de main en main, voyageant de couvent à école et de cathédrale à bibliothèque seigneuriale, certaines copies latines, s'adaptant au goût du jour, s'enrichissent de témoignages, d'anecdotes purement monastiques et d'admonestations à l'adresse des moines. Bientôt, avant la fin du XIIe siècle déjà, la légende écrite entre dans le domaine public par les traductions en langue vulgaire et quelques-unes de ces versions, allégées de tout le superflu dont le récit s'était embelli petit à petit, doivent ressembler étonnamment à la légende primitive et serrer de bien près la rédaction originale, telle que le moine H. l'avait écrite à la requête de son vénéré père en Jésus Christ, l'abbé de Sartis.

Le texte du *Tractatus de purgatorio sancti Patricii* tel qu'il se trouve dans un gros volume manuscrit de la Bibliothèque de l'Université d'Utrecht et que nous publions pour la première fois en son entier, n'est probablement pas identique à l'œuvre de frère H.; toutefois c'est la rédaction la plus ancienne que l'on connaisse. Remarquons que les versions anglo-normandes, anglaises ou néerlandaises n'ont pas de valeur littéraire, pas plus que les rédactions latines. Traducteurs et copistes se proposaient avant tout de convertir les pécheurs en leur inspirant une crainte salutaire des supplices qui leur seraient infligés s'ils mouraient impénitents. Frère H. lui-même reconnaît dans son prologue que rien ne l'a fait progresser davantage dans la crainte et l'amour de Dieu que le récit des aventures du chevalier Owein. Il est impossible toutefois d'évaluer même approximativement l'influence religieuse exercée par ces écrits. Qui dira quels vestiges en subsistent dans les consciences modernes et quels éléments continuent de vivre confusément dans la représentation que se fait de la vie et de la damnation éternelles tel être fruste et simple de nos campagnes ou de nos villes?

En lisant et en relisant le *Tractatus* de frère H. afin de saisir la mentalité de l'auteur, nous avons été frappé de l'empreinte de propagande qui s'en dégage. Sans vouloir épuiser le sujet, nous avons essayé de replacer l'auteur presque anonyme dans son milieu et le cadre de son époque.

II

Consultons, pour nous renseigner à ce sujet, les noms propres que nous trouvons dans l'œuvre de frère H. Nous pouvons les ranger en trois groupes:

Irlande	Malachie	Angleterre
Saint Patrice	Grégoire	Le roi Etienne
Owein	Augustin	H., abbé de Sartis
Reglis	Jérusalem	Gervais, abbé de Luda
		Gilbert, moine de Luda
		Basingwerk
		Saltrey(?)

Nous n'avons pas besoin de nous étendre sur les noms du deuxième groupe: ils faisaient partie du bagage intellectuel, si mince fût-il, d'un moine de la fin du XIIe siècle et le souvenir de Malachie, mort en 1148, canonisé en 1190, et dont Bernard de Clairvaux avait écrit la biographie, devait être dans toutes les mémoires.

Les noms propres du premier groupe offrent un certain caractère d'universalité: de longue date, l'Irlande jouissait d'un grand renom de sainteté; depuis des siècles il y avait eu un échange constant de professeurs et d'étudiants entre l'Irlande d'une part et l'Angleterre, le pays de Galles et le continent de l'autre. Le nom du grand apôtre Patrice, le saint par excellence de l'Irlande, était devenu populaire partout où les légendes merveilleuses irlandaises avaient trouvé un auditoire attentif et avide. Owein [1]) etait un nom gallois dont les auteurs anglo-saxons et anglo-irlandais se servaient comme de l'équivalent de l'irlandais Eogan, quoique ces deux noms, à l'origine, n'eussent aucun rapport; enfin, toute église administrée par des chanoines réguliers s'appelait Reglis. [2])

Mais il y a d'autres noms spécifiquement irlandais que nous aimerions savoir et que nous cherchons en vain. Gilbert, qui de sa mission en Irlande a rapporté le récit des aventures de son interprète, a dû, sans aucun doute, s'en servir, quand il racontait les péripéties de son voyage. Frère H. n'en a mentionné aucun, la consonance de la langue irlandaise ne lui étant probablement pas familière. Au lieu de donner des noms propres exacts, ce qui en somme eût été beaucoup plus commode, il est obligé de recourir à des circonlocutions vagues et embarrassées:

1) Sanctum vero Patricium Dominus in locum desertum eduxit.

2) ....militem unum Oweyn, de quo presens est narratio, ad episcopum in cujus episcopatu prefatum est purgatorium confessionis gratia venire.

3) Et si sic in proposito perduraverit preceptis litteris ab

---

[1]) Cf. Ward, *Catalogue of Romances*, t. II, p. 435.

[2]) Whitley Stokes, *Calandar of Oengus* (*Transactions of the Royal Irish Academy, Irish Manuscript series*, t. I, part. I, 1880) note une forme plus ancienne: „reicles, s. a little cell (reclusum)". Archdall dans son *Monasticon Hibernicum*, 1786, p. 98, remarque qu'aucune église ne portait le nom de Reglis, à moins d'être administrée par des chanoines réguliers. O'Connor, *St. Patrick's Purgatory*, p. 124, dit: "Regles means an abbey church. Teampull means any church, wether belonging to secular or regular clergy. A church erected by St. Columbkille at Derry was known as the Duibh Regles."

episcopo ad locum pergit, quas cum loci illius prior receperit, etc....

4) ....regem dominum suum consulturus adiit, ut ejus consilio secundum illum religionis ordinem exinde viveret
quem rex ipse illi laudaret.

5) Gervasius Ludensis cenobii, qui ab eodem rege locum ad
construendam abbaciam acquisivit.

Au dire de l'auteur même, nous avons affaire à une pure
transmission orale; comme toujours en pareil cas, des détails
qu'il est difficile, sinon impossible, de démêler, se sont ajoutés
au noyau primitif; d'autres au contraire, peut-être quelques–uns de ces noms propres que nous ne saurons jamais,
se sont perdus en cours de route. On peut se demander pourquoi frère H. n'a pas donné de renseignements précis sur les
lieux où les pèlerins devaient se rendre pour s'acquitter d'un
vœu, d'un devoir religieux ou d'une pénitence. Aucun manuscrit latin ne donne un nom au lieu solitaire de frère H., pas
plus que les rédactions en langue vulgaire du XIIIe siècle.
Nous comprenons pourquoi le copiste du Ms. d'Utrecht ou
un de ses lointains ancêtres, dépité de ce manque d'informa-
tions exactes, a fait précéder les aventures édifiantes qu'il
avait à copier, du fameux chapitre V de la IIe partie de la
Topographia Hibernica de Giraldus Cambrensis [1]), indications
trop brèves néanmoins pour satisfaire notre curiosité inquiète:
une île divisée en deux parties dans un lac de l'Ulster.

Une autre question se pose ici: l'auteur a-t-il voulu rebuter
les audacieux et a-t-il cru que les passages suivants, gros de
menaces, suffiraient à retenir les curieux d'aller y voir? Et
dans ce cas, qu'importaient en somme des noms de lieux?

1) ....multi homines purgatorium illud intraverunt, quorum alii reversi sunt, alii nunquam redierunt, quia omnino ibi perierunt.

2) ....ut purgatorium illud nemo introeat, nisi qui ab episcopo in cujus episcopatu est licenciam habeat.

3) Qui cum ad episcopum venerit et affectum suum ei manifestaverit, prius eum episcopus hortatur ut a tali proposito revertatur, dicendo ei quod multi illud introierunt
qui nunquam redierunt.

---

[1]) Cf. *Un chapitre intéressant de la Topographia Hibernica et le Tractatus
de purgatorio sancti Patricii*, dans *Neophilologus*, XII, pp. 132—137.

4) Et si sic in proposito perduraverit, preceptis litteris ab episcopo ad locum pergit; quas cum loci prior receperit et hominis voluntatem cognoverit, mox illi purgatorium intrare dissuadet et ut aliam penitentiam eligat ammonet, dicens quod multi perierunt de illis qui illud intraverunt.

5) ....et tunc prior, coram omnibus ei ostium aperiens, et infestacionem demonum et multorum qui illam fossam intraverunt et nunquam redierunt denunciat perdicionem et periculum.

6) Quod si altera die eadem hora qua ingressus est reversum non invenirent, eum certissime omnino perisse sciunt; sicque ostio a priore obserato omnes pariter recedunt.

Concluons que l'absence de noms propres précis, spécifiquement irlandais, s'explique aisément en admettant que l'auteur aura brodé sur la trame d'une légende populaire. N'étant pas Irlandais, ne sachant pas la langue des compatriotes de saint Patrice, il n'avait donc à sa disposition que des noms propres généraux connus de tout le monde. Que l'on compare la vision de Tondale [1]) de frère Marcus avec le *Tractatus de purgatorio sancti Patricii;* si l'auteur n'avait pas dit lui-même qu'il a traduit son récit „de barbarico in latinum", nous saurions pourtant qu'il est Irlandais grâce aux noms irlandais qui y foisonnent et aux descriptions enthousiastes de son pays.

Passons en revue le troisième groupe de noms propres: les deux premiers font partie intégrante du noyau du récit, ils ont le même caractère de généralité que ceux du premier groupe; notons que, puisque l'auteur se sert du nom du roi Etienne pour déterminer une époque et situer un événement, il s'adresse nécessairement à des gens à qui ce nom n'est pas étranger et évoque, si ce n'est une réalité rapprochée, du moins un souvenir. Les autres noms propres, spécifiquement anglais, se rapportent tous à l'évêché de Lincoln et n'ont rien à voir avec le récit même; l'auteur y suit le principe de saint Grégoire qu'il faut toujours „nommer ceux dont on tient ce qu'on raconte pour qu'on le croie" [2]). Ces noms, sauf celui de H. de Sartis, à qui l'ouvrage est dédié, ne doivent ser-

---

[1]) Pour tout ce qui se rapporte à la *Vision de Tondale* nous avons consulté exclusivement: *Tondalus' visioen en St. Patricius' vagevuur,* déjà cité, et V. H. Friedel et Kuno Meyer, *La vision de Tondale,* Paris, 1907.

[2]) Cf. Friedel et Meyer, *o. l.,* p. XIII.

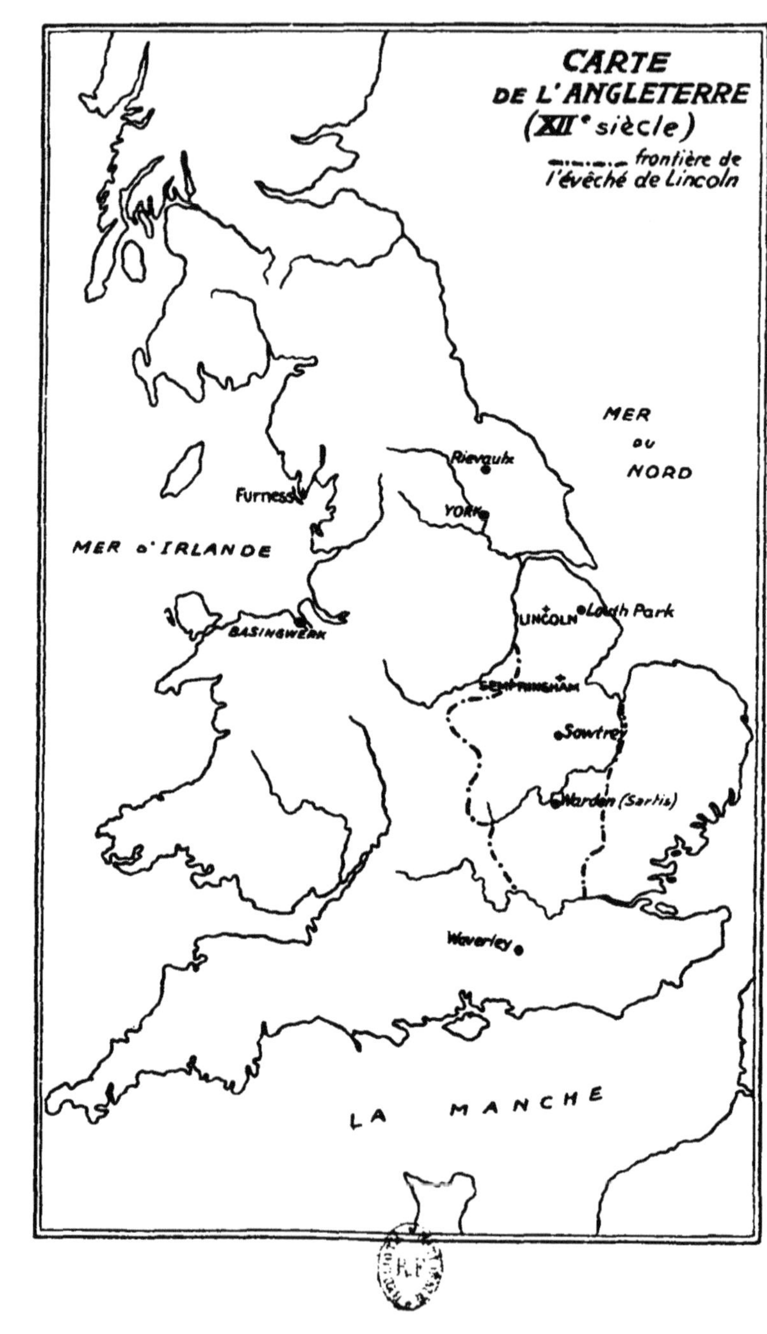

CARTE
DE L'ANGLETERRE
(XII° siècle)
frontière de
l'évêché de Lincoln
MER DU NORD
MER D'IRLANDE
Rievaulx
Furness
YORK
LINCOLN
Louth Park
BASINGWERK
SEMPRINGHAM
Sawtry
Warden (Sartis)
Waverley
LA MANCHE

vir qu'à expliquer la genèse du *Tractatus de purgatorio sancti Patricii* pour appuyer la véracité des événements merveilleux que l'auteur vient de raconter.

Voici quelques brèves données historiques [1]:

1) Un abbé de Sartis (Warden, moderne) Henri, est passé en 1215 à l'abbaye de Rievaux, où il est mort l'année d'après. Il est difficile d'admettre qu'il ait obtenu la dignité d'abbé dès avant 1170.

2) L'abbaye de Luda (Louth) avait été fondée vers 1147 et Gervais en avait été le premier abbé. Quand frère H. écrit son récit, il est déjà mort: „pie memorie".

3) Un certain Gilbert est qualifié d'abbé de Basingwerk dans un acte rédigé entre les années 1155—1159. Un couvent de l'ordre de Savigny avait été fondé à Basingwerk (situé dans le pays de Galles sur l'estuaire de la Dee) en 1131; détruite pendant les guerres intestines sous Etienne, l'abbaye avait été reconstruite en 1157 à un autre endroit; Henri II lui avait octroyé certains privilèges.

Reste le nom de Saltrey (nom d'une autre abbaye de l'évêché de Lincoln), qui se trouve presque toujours dans les mss. latins dont *R* (Royal 13 B VIII), du British Museum est le type. Il est possible que le copiste de *R* ait su qui se cachait si modestement derrière ce „frater H., monachorum minimus" et qu'il n'ait pu résister au désir de désigner au moins le nom de l'abbaye favorisée qui le renfermait dans son sein; notre hypothèse, d'après laquelle l'auteur a vécu dans l'évêché de Lincoln, s'en trouve confirmée, puisque c'est un copiste contemporain qui a dû écrire le ms. *R.*, l'écriture remontant visiblement à la fin du XIIe ou au commencement du XIIIe siècle.

Ce qui nous incline davantage encore à penser que nous avons affaire à un Anglo-Saxon, et non pas à un Irlandais, c'est une appréciation morale de l'auteur. Relisons ce qu'il dit à propos de la prédication de saint Patrice: „Dicitur magnus pater sanctus Patricius, a primo secundus, dum in Hybernia verbum Dei predicaret atque miraculis gloriosis choruscaret, studuit bestiales hominum illius patrie animos terrore tormentorum infernalium a malo revocare, et paradisi gaudiorum promissione in bono firmare. Eos vero, inquit horum relator,

---

[1] Cf. Ward, *o.l.*, pp. 435—454.

adero esse bestiales veraciter et ipse comperi; quando enim
fui in patria illa per quendam mihi confitentem hujus gentis
bestialitatem satis expertus sum." Il y a là comme un écho
affaibli de ce que les compatriotes de frère H. pensaient des
Irlandais [1]), qu'ils voyaient à travers les verres grossissants
de leur haine d'envahisseurs. Evidemment il y a beaucoup d'exa-
gération dans les assertions d'un Giraldus Cambrensis [2]),
quand il parle des tribus vaincues: ce dignitaire de l'église ne
craint pas de les accuser des pires superstitions, des vices les
plus dégradants; il leur reproche même d'ignorer les eléments
du christianisme. Ce sont contes en l'air, puisque les Irlandais
étaient chrétiens avant les Anglo-Saxons; mais délaissée également du VIe au IXe siècle, d'un côté par des missionnaires
ardents qui s'en allaient porter au loin leur science et leur religion, de l'autre par des moines ascètes, qui dans leur égoïs-
me considéraient une vie de réclusion contemplative comme la
préparation par excellence à la vie future, l'Irlande avait vu
déchoir les conceptions religieuses de ses habitants à l'état
de simples pratiques matérielles, influencées encore par des
croyances payennes indéracinables. Au contraire, les éléments
du christianisme qu'un Augustin avait apportés en Angleterre
avaient germé, s'étaient développés, puis affinés, enfin enrichis
de notions nouvelles au contact vivifiant de la civilisation et
des pensées d'Outre-Manche. Pour un Bernard de Clairvaux
ou un Gérold de Barri les mœurs d'un peuple étaient con-
damnées quand il ne payait pas la dîme ou qu'un mariage

---

[1]) Cf. e.a. *Chronicles of the Reigns of Stephen, Henry II., and Richard I*, vol I,
containing the first four books of the *Historia rerum anglicarum* of William
of Newburgh edited from manuscripts by Richard Howlett, London, 1884,
p. 239: „Hujus autem provinciae homines prae cunctis Hiberniae populis in
celebratione Paschali eatenus superstitiosi fuisse traduntur. Nam, sicut,
quodam venerabili episcopo gentis illius referente, cognovi, arbitrabantur ob-
sequium se praestare Deo dum per anni circulum furto et rapina congerent
quod in Paschali solemnitate profusissimis, tanquam ad honorem resurgentis
Domini, absumeretur conviviis; eratque inter eos ingens concertatio ne forte
quis ab alio unmoderatissimis ferculorum praeparationibus vel appositioni-
bus vinceretur. Verum hanc superstitiosissimam consuetudinem cum statu
libertatis propriae debellati finierunt."
[2]) Cf. Giraldi Cambrensis *Opera* edited by J. S. Brewer, J. F. Dimock, G. F.
Warner, Rolls Series 1861—91, vol. V. (par J. F. Dimock); A. Joly, *Etudes
anglo-normandes, Gérold le Gallois* (*Mémoires de l'Académie nationale des
sciences, arts et belles lettres de Caen* (1887—1889); H. Owen, *Gerald the Welshman*, London, 1904.

était possible entre gens dont le degré de parenté, selon eux,
était trop rapproché [1]). Lorsque les moines anglo-saxons dé-
barquaient en Irlande, ils n'avaient qu'a suivre les traces san-
glantes laissées par les mercenaires des nobles turbulents dont
Henri II avait cru se débarrasser à bon marché en livrant à
leur convoitise cette terre libre. Poussés par leur zèle de pro-
sélytisme, désireux de gagner des âmes à l'église catholique
romaine, les moines faisaient bâtir des couvents, des abbayes,
des églises, d'où devait rayonner un esprit nouveau; mais
leur élan se trouvait arrêté net devant le cœur aigri et l'esprit haineux de ces êtres farouches, ivres d'indépendance,
parlant une langue aux consonances barbares. De là cette
mésentente et cette accusation de bestialité [2]) de la part des envahisseurs, parmi lesquels se trouvaient nombre d'ecclésiastiques et de moines.

Le *Tractatus de purgatorio sancti Patricii* nous présente
encore un autre témoignage irrécusable de la nationalité de
l'auteur, un trait caractéristique de la mentalité anglo-saxonne: le missionnaire Gilbert, qui s'en va dans un pays étranger pour y bâtir un couvent, n'entend ni ne parle la langue des
habitants: il a besoin d'un interprète!

Si nous avons démontré que frère H. a dû passer une partie
de sa vie dans l'évêché de Lincoln, il est impossible d'en évaluer la durée. A-t-il voyagé? A-t-il traversé la Manche ou la
mer du Nord? A-t-il poussé jusqu'en Bavière comme le pré-
sume M. Endepols [3]) et y aurait-il lu ou entendu raconter la

---

[1]) Cf. H. W. C. Davis, *England under the Normans and Angevins* (1066—
1272), London, third edition, chap. VIII.

[2]) Cette bestialité des Irlandais et la singularité de leur langue ont dû
frapper bien vivement l'esprit des moines anglo-saxons du XIIe siécle, puisque dans l'anecdote interpolée de l'Irlandais (voir *Neophilologus*, X, p. 248)
il en est encore question: „Etant vers Pàques en Irlande, un vieillard s'est
adressé au narrateur pour recevoir la communion. De sa vie il ne l'avait
reçue. Le confesseur fait venir un interprète parce qu'il ne comprend pas le
pénitent. Comme le prêtre lui demandait s'il n'avait jamais tué personne, le
vieillard dit naïvement qu'il ne savait pas que tuer était péché mortel. Il
finit par avouer qu'il est sûr d'avoir tué cinq hommes, il en a blessé plusieurs
autres, mais il ignore ce qu'ils sont devenus; alors le confesseur lui fait comprendre l'étendue de ses péchés."

[3]) Cf. *Tondalus' visioen en St. Patricius' Vagevuur*, t. I, p. 202:
„Marcus (de schrijver van Tondalus' Visioen), dat staat vast, heeft zijn legende inderdaad in Duitschland en wel in Regensburg geschreven. En meer
dan waarschijnlijk hebben van daar uit de redacties zich verspreid over

vision de Tondale? A-t-il eu des rapports avec la colonie irlandaise de Ratisbonne? Mystère! Peu importe en définitive.
Croyons-en l'auteur du *Purgatoire de saint Patrice*, quand il
dit tenir son récit d'un moine de Luda, devenu plus tard prieur
d'une grande abbaye. Assurément il aura ajouté du sien et sa
part ne doit pas être mince. Mais à quoi bon chercher hors d'Angleterre les sources directes des aventure d'Owein? Du reste,
les plus anciennes versions en langue vulgaire ont été faites
en Angleterre et non pas sur le continent: Marie de France
a traduit le *Tractatus de purgatorio sancti Patricii* dès avant

West-Europa. Welnu, de legende van het St. Patricius' vagevuur is zoo inner-
lijk verwant met het Tondalus' Visioen, dat een ontstaan in eenzelfde midden
niet onwaarschijnlijk is. Welk een bezwaar is er tegen in te brengen, dat Hen-
drik van Saltrey zoo niet in Duitschland, dan toch op het vasteland is ge-
weest? Wij weten feitelijk zoo weinig van zijn persoon, dat allerlei gissingen
omtrent zijn leven mogelijk zijn en zeker deze, dat hij Engeland een tijd heeft
verlaten. Wij geven toe, dat wij geen aanwijzing hebben van zijn verblijf op
het vasteland. Ook de abt, waaraan het stuk is opgedragen, hoort in Engeland
thuis. Maar daar staat iets tegenover.

Er is namelijk een bepaald argument aan te voeren voor de meening, dat
niet Engeland, maar het vasteland, misschien Duitschland, de plaats is ge-
weest, waar de legende óf het eerst op schrift werd gebracht, óf het eerst be-
kend werd. Immers de door Mall als de oudste redactie beschouwde tekst
bevindt zich op het vasteland en wel in Bamberg! Al is deze tekst misschien
niet de oertekst zelf, een vertegenwoordiger van den oertekst is hij zeker.
Daarenboven ook de Utrechtsche tekst, die een der oudere Latijnsche redacties moet zijn, bevindt zich niet in Engeland, maar op het vasteland.

Ten tweede, de oudste en talrijkste overzettingen in de volkstaal vinden
wij op het vasteland. Al zal het feit, dat ze in West-Europa vooral voorkomen, de waarschijnlijkheid van den Zuid-Duitschen oorsprong der Latijnsche
legende niet verhoogen, aan de stelling, dat het vasteland de plaats van
oorsprong is, doet het geen afbreuk. Overigens staat tegenover het feit van
het voorkomen der vertalingen in West-Europa, het feit, dat de oudste Mid-
delnederlandsche proza-redacties uit het Oosten van ons land zich verder
Westelijk hebben verspreid, dat de jongste redactie, het Amsterdamsche
handschrift, is ontstaan in het meest Westelijke deel van ons land, in Den
Haag. Volstrekte bewijzen zijn dit natuurlijk niet. Maar, al wordt hiermede
dus niet de meening afdoende bewezen, dat de Latijnsche redactie ontstaan
is op het vasteland en misschien in Duitschland zooals Tondalus' visioen, zij
maken het toch zeker, dat de oudste redacties dadelijk naar het vasteland
zijn overgebracht.

Bij de vraag, waarom, indien de legende van St. Patricius' vagevuur in
Duitschland ontstond, evenals Tondalus' visioen, in dit land zoo veel minder
vertalingen en bewerkingen zijn, moet men bedenken, dat een wetenschappe-
lijk onderzoek, zooals Wagner het deed voor Tondalus' visioen, tot nog toe nog
niet plaats had voor St. Patricius' vagevuur en dat een onderzoek misschien
nog verrassende uitkomsten zal opleveren".

1200; le texte du ms. Cotton Domitian IV (ff. 257—267) du British Museum et le texte de Cambridge (Ee. 6. 11) publié ci-après doivent être de la première moitié du XIIIe siècle; la plus ancienne version en vers anglais ne remonte pas au-delà de l'extrême fin du XIIIe siècle [1]); les versions néerlandaises publiées par MM. Verdeyen et Endepols sont toutes du XIVe siècle et sont donc postérieures à celles qui ont été faites en Angleterre. Dans tous les récits des aventures d'Owein il est question d'un certain nombre de messagers de Dieu. Dans les mss. d'Utrecht et de Bamberg ce nombre est de douze; dans les manuscrits apparentés à Royal 13 B VIII il s'élève à quinze. Or, ce nombre XII, qu'il est possible d'invoquer en faveur d'une haute ancienneté [2]), est mentionné, outre dans les deux manuscrits latins cités plus haut (*U* et *B*), dans un manuscrit de la Bibliothèque Nationale à Paris (mss. latins No. 12618); de plus Jean Belet [3]) (début du XIVe siècle) travaillant sur un modèle rapproché, semble-t-il, de ces deux textes, parle également de douze messagers. Des rédactions apparentées à celles de Hollande et d'Allemagne se retrouvent donc aussi en Angleterre et en France; du fait que Bamberg possède une rédaction très ancienne du *Tractatus de purgatorio sancti Patricii* il ne s'ensuit pas nécessairement que les environs de cette ville aient vu naître l'œuvre de frère H., ni que celui-ci ait eu des rapports avec des moines irlandais habitant le continent. On s'explique aisément que la plus ancienne traduction d'une œuvre latine en langue vulgaire s'est faite à proximité du lieu d'origine. Or, la vision de Tondale, traduite en 1160 dans un dialecte rhénan, n'est postérieure que d'une bonne dizaine d'années à l'œuvre de frère Marcus; et Marie de France, la première, au XIIe siècle encore, a mis en vers pour „laie gent" le *Tractatus* qu'un moine de l'évêché de Lincoln avait recueilli de la bouche d'un autre moine et qu'il avait écrit sur les instances d'un supérieur.

---

[1]) Cf. Ward, *o.l.*, p. 478, et Körting, *Grundriss der Geschichte der Englischen Litteratur von ihren Anfängen bis zur Gegenwart*, p. 129.

[2]) Voir *Neophilologus*, X, p. 244, note 7.

[3]) Cf. Ward, *o.l.*, p. 476—477.

III

Les opinions religieuses de frère H. sont le fidèle miroir de celles de son époque et la raison, sans doute, de la vogue du *Purgatoire de saint Patrice* jusqu'à nos jours, c'est qu'il traite du grand problème de la vie future, tout en ne dépassant pas la compréhension naïve de ceux à qui il s'adresse; à son insu, peut-être, l'auteur a contribué à stabiliser pour quelque temps les croyances flottantes concernant l'au-delà; d'aucuns, sans conteste, ont invoqué les aventures d'Owein comme une preuve irrécusable des peines purificatrices; enfin ce moine du XIIe siècle est un ancêtre de ceux qui ont affirmé à la sixième session du concile de Trente (13 janvier 1547) le dogme de la purification des pécheurs après la mort et celui de l'efficacité de la prière des vivants pour les trépassés [1]). Si nous voulons saisir la portée du *Tractatus* de frère H., il est bon de passer rapidement en revue les conceptions religieuses d'avant le XIIe siècle concernant la survivance, la rétribution, la pénitence et la purification.

Sauf pour les très anciennes sociétés, qui ont à créer de toutes pièces leur système religieux, la plupart des religions actuelles admettent un fonds de vieilles croyances qui ne sont que des modifications d'un état antérieur [2]). L'homme ayant un besoin inné de justice, considère les malheurs qui l'assaillent ou le bonheur qui lui tombe en partage de son vivant comme

---

[1]) Cf. R. P. F. Beringer, S. J., *Les Indulgences, leur nature et leur usage*, quatrième édition française, Paris, P. Lethielleux, 1925, tome I, p. 34: „C'est une vérité de foi catholique, appuyée sur la Sainte Ecriture et sur la tradition non interrompue de l'Eglise, qu'il y a un purgatoire et que les âmes qui y sont détenues peuvent être aidées et soulagées dans leurs souffrances par les suffrages ou prières des vivants, par les jeûnes, les aumônes et autres bonnes œuvres et spécialement par l'oblation du divin sacrifice de la messe.. L'Eglise n'a jamais oublié de prier pour les morts.... Toujours et partout l'on a cru au purgatoire, c'est-à-dire à un lieu ou à un état de souffrances où Dieu ramène les choses à l'ordre. Là, en effet, il achève de punir les fautes qui n'ont pas été suffisamment expiées sur la terre; là, il soumet à leur dernière épreuve les âmes saintes, effaçant leurs plus légères taches et leur faisant acquérir, à travers le feu, ce degré de pureté consommée qui leur est nécessaire pour voir Dieu face à face."

[2]) Cf. G. Contenau, *La civilisation Assyro-Babylonienne*, Paris 1922, p. 42; J. G. Frazer, *Le folklore dans l'Ancien Testament*, traduction E. Audra, Paris, 1924, p. 6; Ch. F. Jean, *Le péché chez les Babyloniens et les Assyriens*, Paris, 1925, pp. 83, 102, 109, etc.

une punition, une récompense ou une épreuve. Celui qui avait
agi à l'encontre des us et coutumes du groupe social auquel il
appartenait, a dû de tout temps expier sa mauvaise action
conformément aux pratiques en usage dans son milieu. Les
rites barbares des peuples primitifs et ceux de la haute antiquité s'adoucissent à mesure que la culture s'affine; la loi
mosaïque, héritière éloignée de celle des Assyro-Babyloniens,
qui prescrit le sacrifice d'animaux, l'holocauste et l'oblation
expiatoire, ne recule pas quand il s'agit de sanctionner la loi
du talion [1]), la lapidation, le bûcher et la mort violente pour
les grands forfaits. Le christianisme catholique du moyen-âge
prescrira pour ses adeptes d'abord le baptême qui lave la
souillure originelle, ensuite la confession (primitivement publique, secrète ensuite), qui soulage le cœur et entraîne avec
elle la pénitence à laquelle succède le pardon, accordé au nom
de Dieu [2]). Notons que, dans les cas précités, il s'agit d'une expiation ou d'une purification à laquelle se soumet *de son vivant*,
volontairement ou non, celui qui a commis une action
mauvaise ou considérée telle. Comme d'ailleurs la croyance à
une survivance partielle ou totale de la personnalité se perd
dans la nuit des temps, la conception de la rétribution et celle
de la vie future se sont pénétrées de telle sorte que doré-
navant elles sont liées d'une façon indissoluble. Il est vrai
que l'idée que les hommes se sont faite de la survivance, s'est
modifiée à travers les âges, mais elle est inséparable de la
conception de l'existence de récompenses et de châtiments
dans l'au-delà, proportionnés au bien ou au mal fait pendant
la vie. Graduellement une nouvelle notion, dont on retrouve les
origines dans l'antiquité, s'ajoute aux deux précédentes: celle
d'une purification après la mort [3]), abrégée dans certains cas

---

[1]) Cf. E. Montet, *Histoire de la Bible*, Paris, 1924, p. 20, notes 1 et 2; *Lévi-
tique*, passim.

[2]) Cf. E. Pijper, *Beknopte Geschiedenis des Christendoms*, p. 195; Victor
Normand, *La Confession*, Paris, 1926, passim. De nos jours le pécheur se
confesse, obtient l'absolution de ses péchés et fait pénitence ensuite. Du temps
de Grégoire I (540—604), chez frère H. et chez Giraldus Cambrensis l'ordre
était confession, satisfaction, absolution.

[3]) Cf. Zielinski, *La Sibylle*, Paris, 1924, p. 43. De tout temps des êtres crain-
tifs ont dû être rassurés sur la vie future. Platon déjà atteste que les „or-
phéotélestes" battaient les faubourgs et les campagnes convertissant les pe-
tites gens aux mystères du grand initié. Ils effrayaient les simples par les
images horribles de l'au-delà et ils offraient leur médiation — tout autre que
gratuite — pour secourir un père, un maître, un ami décédés.

par la pénitence volontaire [1]) entreprise ici bas; les souffrances physiques et morales endurées sans murmurer pendant la vie diminueront d'autant les peines purificatrices futures qui attendent le pécheur accablé du fardeau de ses péchés. Chez les anciens le souci du bien-être des morts aimés qui n'avaient été ni tout à fait bons ni tout à fait mauvais, avait porté les survivants à nourrir et à amuser les âmes tristes et dénuées dans l'autre vie; le même souci, pour les mêmes motifs, avait engagé les chrétiens à venir en aide aux âmes torturées des défunts dans le but d'abréger la durée de leur pénitence, d'en diminuer la rigueur. De cette double conception de la rétribution future naissent deux courants, celui du mérite personnel et celui de l'intercession d'autrui, qui tendent au même but, c'est-à-dire à l'exemption des peines purificatrices et à l'obtention de la félicité paradisiaque [2]). Nous touchons ici au principe même des dogmes de la purification et du rachat tels que Grégoire les a légués aux générations à venir, tels que frère H. les a exprimés dans son *Tractatus de purgatorio sancti Patricii*, dogmes si solidement établis que tous les siècles révolus depuis n'ont pu les ébranler et qui sont aussi vivaces de nos jours qu'au moyen-âge.

Dans le sillage de toutes les religions de salut nous trouvons la croyance que le mérite personnel s'accroît par l'ascétisme et les mortifications, par l'expiation ponctuelle des transgressions volontaires ou non de la loi divine, et que ces pratiques

---

[1]) Beringer, *o.l.*, tome I, p. 7: „Nous entendons par peines temporelles celles qu'il reste à endurer après la rémission du péché et que chaque pécheur doit, d'après la volonté de Dieu, payer soit par les œuvres satisfactoires imposées par le représentant de Jésus-Christ au tribunal de la pénitence, soit en s'imposant librement certaines œuvres de pénitence et en acceptant volontairement les punitions infligées par Dieu au péché; et ces peines temporelles, le pécheur doit les expier ainsi en cette vie, afin de n'avoir point à les expier dans le purgatoire. C'est pourquoi nous pouvons, brièvement, les appeler les peines du purgatoire."

[2]) Cf. Beringer, *o.l.*, tome I, p. 6: „Saint Augustin et saint Thomas d'Aquin nous disent que les souffrances du purgatoire sont extrêmement grandes et que, sous plus d'un rapport, elles dépassent tout ce que l'on peut endurer ici-bas. Pour éviter ces peines ou pour expier dès cette vie les peines temporelles dues à nos péchés, nous avons deux moyens: premièrement, pratiquer les œuvres satisfactoires; deuxièmement, gagner les Indulgences. Loin de s'exclure, ces deux moyens se complètent l'un l'autre." Cf. aussi: A Boulanger, *Orpheé*, Paris, 1925, et A. Bosswel, *An Irish precursor of Dante*, London, 1908, passim.

sont plus efficaces pour agir sur la divinité que les cérémonies
du culte et la stricte observance des rites[1]. Nous savons que
chez les chrétiens le jeûne volontaire, commencé par zèle religieux ou dans un esprit de pénitence, menait insensiblement
le pécheur à l'inanition; que la mortification dégénérait
en malpropreté, cause de maux de toutes sortes, grâce auxquels on espérait mâter les instincts, tuer la passion et obtenir en récompense le pardon des péchés de la bonté divine, ce
qui impliquait logiquement, d'après les opinions courantes,
la rémission de la totalité ou d'une partie des peines purificatrices. Yves de Chartres (1040—1116)[2] ne déclare-t-il pas
que les souffrances physiques de certains êtres remplacent
pour eux les tourments du purgatoire[3]? Et cela n'expli-
querait-il pas le choix du héros du *Tractatus de purgatorio sancti Patricii*, qui malgré les objurgations de plusieurs gens d'église
désire descendre dans la fosse pour expier ses méfaits d'une
façon exemplaire[4]. Soyons persuadés que lecteurs et auditeurs devaient être satisfaits en apprenant qu'Owein savait,
quand il remontait au jour, que ses péchés lui avaient été
remis à cause des épreuves subies[5] et qu'il serait reçu au
paradis terrestre après avoir exhalé son dernier soupir[6].

Deux autres auteurs anglo-saxons contemporains de frère
H. parlent également d'un purgatoire de saint Patrice où,
par des tourments subis volontairement, il est possible de
racheter les peines purificatrices. L'un, c'est Gérold de
Barri[7] (1147—1222), qui assure que celui qui se hasarde
parmi les démons dans la partie maudite d'une certaine
île d'un lac de l'Ulster, doit passer par des supplices affreux,
mais que cela lui vaudra la rémission des peines de l'enfer.
L'autre est Jocelin[8], qui place le purgatoire du saint sur

---

[1] Cf. Félix Sartiaux, *Foi et science au moyen âge*, Rieder, Paris, 1926,
p. 20.

[2] Yves de Chartres, évêque français, est né en Beauvaisis. Protégé par le
pape Urbain II, il fut élu évêque de Chartres en 1191.

[3] Cf. Pijper, *Boete en Biecht*, t. I, p. 348.

[4] Voir le texte du ms. d'Utrecht, pp. 9 et 30.

[5] *Ibidem*, p. 23: „Per laborem, inquiunt, quem sustinuisti a peccatis
expurgatus es."

[6] *Ibidem*, p. 22: „Et si bene in seculo ammodo vixeris, securus esto quod
huc ad nos venies, egressus a corpore."

[7] Cf. *Un chapitre intéressant*, art. cité, *Neophilologus*, XII, p. 132—137.

[8] „In hujus igitur montis cacumine jejunare ac vigilare consuescunt
plurimi opinantes se postea nunquam intraturos portas inferni, quia hoc

une montagne [1]) en Connaught. Il rapporte que plusieurs affirment avoir subi des tourments terribles, tandis qu'ils pas-
saient la nuit sur le sommet désert; ceux qui s'imposent cette
pénitence croient que, grâce au mérite et à l'intercession du
saint, ils n'auront plus à franchir les portes de l'enfer.

Chacun de ces trois contemporains a dû mettre du sien
dans la façon dont il a brodé sur le canevas que la légende
populaire mettait à sa disposition, puisque le manque de concordance est évident. Il est vrai qu'ils localisent tous trois le
purgatoire de saint Patrice en Irlande, mais cela n'a pas de quoi
nous étonner. D'abord en s'appuyant sur le nom vénéré du
grand saint, on garantissait l'authenticité de ce qu'on allait
raconter, et par avance on imposait silence aux objections des
sceptiques. Et quant à l'Irlande, n'était-ce pas là que le saint
avait travaillé, prié, jeûné, prêché? D'ailleurs, depuis le moment où Henri II (1154—1189) avait permis à ses nobles de
considérer l'Irlande comme terre conquise [2]), les aspirations et
les pensées de ses sujets anglo-saxons et français avait dû
être aimantées vers cette île si proche, indomptée et si peu
connue pourtant: elle devait exercer le charme et l'attirance
des choses qui gardent leur mystère. Ni Gérold de Barri, ni
Jocelin, ni frère H. ne satisfont pleinement notre besoin moderne d'exactitude. Le premier, catégorique quant à la valeur
des tourments, reste vague dans la localisation du purga-

---

impetratum a Domino existimant meritis et precibus S. Patricii. Referunt
etiam nonnulli qui pernoctaverant ibi, se tormenta gravissima fuisse perpessos, quibus se purgatos a peccatis putant, unde et quidam illorum locum
illum purgatorium S. Patricii vocant." Jocelin, chap. CLXXII (Colgan.
Acta sanctorum veteris et majoris Scotiae seu Hiberniae.... Lovan., 1645—
1647, t. II, *Patricii, Columbae et Brigidae acta continens* aussi sous le
titre *Triadis thaumaturgae, seu div. Patr. Col. et Brig. acta*, Louvain, 1647).
p. 1027.

[1]) Dante localise le Purgatoire aux antipodes sur une montagne éclairée
par quatre étoiles, qui ne furent connues que du premier homme:

> Io mi volsi a man destra, e posi mente
> All' altro polo, e vidi quattro stelle
> Non viste mai fuor ch'alla prima gente.
> (Purgatorio, Canto I, 8)
> Noi divenimmo intanto appiè del monte:
> Quivi trovammo la roccia sì erta,
> Che indarno ci sarien le gambe pronte.
> (Canto III, 16).

[2]) Davis, *o.l.*, ch. VIII.

toire de saint Patrice: „une île bipartite dans un lac de l'Ulster"; Jocelin, qui le place sur le Cruachan Aigle en Connaught, n'assume aucune responsabilité en rapportant ce qu'il a entendu raconter: „plusieurs affirment...., ceux qui s'imposent cette pénitence croient...."

Quant à frère H., il s'abstient de donner un renseignement géographique précis, mais il laisse trotter son imagination nourrie de traditions monastiques et religieuses; il se plaît à narrer par le menu les péripéties de la conversion de son héros. Ainsi, conformément à l'usage en vigueur pendant le haut moyen-âge, celui-ci se confesse à un évêque qui essaye de tempérer son zèle, en lui rappelant les dangers qui le menacent dans la fosse merveilleuse, et lui propose de se soumettre à une pénitence plus légère. Nous savons que le chevalier pénétré de sa culpabilité préfère subir l'épreuve la plus rigoureuse, dans le but évident d'accroître son mérite. Or, ce rôle de pénitencier, dévolu plus tard à un prêtre lorsque l'évêque était débordé de besogne, était exclusivement réservé à celui-ci avant le VIIe siècle, à une époque donc où la pénitence était publique [1]). La pénitence d'Owein est publique en ce sens que des moines et des ecclésiastiques des environs sont convoqués pour l'accompagner à la fosse où la satisfaction doit avoir lieu. Dans le ms. Arundel 292 nous lisons même que le peuple est présent lorsque le pénitent communie [2]). Anciennement, quand l'évêque jugeait que le pécheur s'était réellement converti, qu'il avait changé de vie et donné dans les exercices pénibles de l'exomologèse un gage sérieux de la sincérité de son repentir, il le déliait. Cette pénitence publique finissait par une cérémonie analogue à celle par laquelle elle avait été inaugurée, c'est-à-dire, par une imposition des mains. Mais tandis que la première imposition des mains avait opéré l'excommunication, la dernière effectuait la réintégration dans le sein de la communauté. La première avait lié le pécheur, la dernière le déliait. Il y a similitude entre le rôle de l'évêque pénitencier qui lie et délie le pénitent avant et après la satisfaction et les douze messagers de Dieu qui abandonnent Owein aux tourments qui l'attendent et qui l'accueillent avec joie à son retour pour lui remettre ses péchés. Ce sont eux qui l'absolvent et mettent fin

---

[1]) Cf. Normand, *La Confession*, p. 81 et passim.
[2]) Voir le Supplément p. 3 (Initiation au rituel à suivre).

solennellement à la satisfaction [1]). Dès ce moment il a réintégré le sein de l'église: le prieur et le clergé convoqué l'attendent à la sortie de la fosse pour le reconduire en procession à l'église pour y faire une retraite de quinze jours. Il finit par où il a commencé. Le chevalier n'a été absous qu'après avoir expié ses méfaits d'après les règles de l'exomologèse des premiers siècles du christianisme.

Il est probable que frère H. s'est inspiré des visions répandues vers la fin du XIIe siècle, mais ce qui a dû être une des causes du succès de son *Tractatus*, c'est que son récit ressemblait étonnamment à un roman d'aventures plus palpitant et plus intéressant que toutes les relations de voyage cependant, puisqu',,on y voit comment les choses se passent dans l'autre monde''. [2]) Et le héros, un homme vivant, en chair et en os, un grand pécheur après tout, a visité un pays inconnu et terrible, habité par des diables, d'où il est revenu indemne et pardonné.

Aux descriptions horribles des tourments qui attendaient les pécheurs impénitents, les croyants devaient bien faire un retour sur eux-mêmes et se demander avec effroi quel avenir leur était réservé. Aussi la terreur qui s'emparait d'eux à la pensée des supplices auxquels l'auteur invitait à songer [3]), devait leur rappeler les moyens par lesquels eux-mêmes pouvaient y échapper et comment ils pouvaient venir en aide aux âmes du purgatoire.

La conception de l'intercession des vivants auprès de la divinité en faveur des morts existait dès une très haute antiquité en Grèce [4]), alors que les croyances concernant la vie future étaient encore très vagues et très obscures en Israël, où les dogmes de la résurrection des corps, du jugement dernier et de la vie éternelle ne sont formellement exprimées qu'au IIe siècle av. J.-C., et, vers la même époque, la croyance aux anges et aux démons y prend un grand essor [5]). Les pre-

---

[1]) „Per laborem quem sustinuisti a peccatis expurgatus es.'' „Sicque percepta ab eis benedictione, prout potuit, ascendere festinavit.''

[2]) Anatole Le Braz, *La légende de la mort chez les Bretons armoricains*. Paris, 1922, t. I, p. XXXIX.

[3]) „Per que tamen tormenta mente rogo sepe transeamus.'' (Homélie).

[4]) Cf. Boulanger. *Orphée*; Zielinski, *La Sibylle*; Philippe de Félice. *L'Autre Monde*.

[5]) Cf. Montet, *o.l.*, pp. 61, 91, 100, etc.

miers pères de l'église, Tertullien, Cyprien, Origène, Grégoire de Nysse, Ambroise [1]) croyaient possible un adoucissement des tourments dans lesquels se débat l'âme des morts, grâce aux prières et aux oblations des vivants. Nous possédons un curieux témoignage de cette croyance. En l'an 203 deux femmes, Perpétue et Félicité, furent martyrisées à Carthage. En prison Perpétue commença d'écrire une sorte d'auto-biographie, continuée après sa mort par deux coreligion-naires. Elle y raconte que, dans une de ses visions, elle a vu son petit frère mort à l'âge de sept ans. Il se trouvait dans un lieu obscur, il était pâle et mal vêtu et souffrait d'une soif atroce. Après avoir longuement prié avec ferveur pour lui, elle le revoit dans une autre vision; il est débarbouillé, bien vêtu et boit de l'eau dans un broc d'or; alors Perpétue comprend que son petit frère est délivré de ses tourments [2]).

Virgile et Plutarque admettent que l'Hadès, situé entre la terre et la lune, est un lieu où tous les hommes doivent passer un certain temps pour être purifiés, qui plus, qui moins, dans des souffrances physiques; Augustin localise le pur-gatoire au même endroit et croit que c'est là que le diable habite. [3]) Selon Virgile les tourments, au lendemain de la mort, sont essentiellement purificateurs; saint Augustin cite les vers suivants de l'*Enéide*, mais c'est pour les contredire:

> aliae panduntur inanes
> suspensae ad ventos, aliis sub gurgite vasto
> infectum eluitur scelus aut exuritur igni.
> (*Aeneis*, VI, 740—742).

Car pour le chrétien, honteux de ses défaillances et de celles de ses semblables, il existe, outre les peines qui finissent de purifier ceux dont l'expiation n'a pas été complète ici-bas, une gehenne horrible, où les tourments des réprouvés sont éter-nels et dépassent tout ce qui peut être imaginé; il y règne un feu inextinguible et les vers qui y rongent les hommes ne meurent point. Du vivant même de saint Augustin nous voyons le culte des morts se spiritualiser. Il raconte dans ses *Confessions* (I, 6)

---

[1]) Tertullien 160—240; Cyprien †258; Origène 185—254; Grégoire de Nysse 330—400; Ambroise 340—397.

[2]) Cf. G. Armitage, *The passio of s. Perpetua, Cambridge texts and studies*, Vol. I, 2; Pijper, *Beknopte Geschiedenis des Christendoms*, p. 61.

[3]) Cf. Karl Bauer, *Zu Augustin's Anschauung von Fegfeuer und Teufel*, dans *Zeitschrift für Kirchengeschichte*, XLIII, Neue Folge VI, 1924, pp. 351—355).

comment sa mère, pour obéir à l'évêque Ambroise, abandonna ses pratiques pieuses rapportées d'Afrique et entachées
de paganisme et se contenta désormais de se recueillir sur
la tombe des morts. Il n'est question pour eux ni de prières,
ni d'intercession.

Mais celui qui a imprimé son sceau spirituel sur les croyances des masses médiévales et dont le *Purgatoire de saint Patrice* porte l'empreinte ineffaçable, est Grégoire le Grand.
Dans le livre IV de ses *Dialogues* il expose tout au long
ses idées sur la vie future et les illustre de maint exemple.
Il admet la véracité des visionnaires concernant l'au-delà [1]);
il croit au feu comme élément purificateur à l'exclusion de
tout autre [2]); pour lui l'enfer est dans la terre [3]) et la durée
des tourments qui y sont infligés dépend, non seulement du
mérite personnel, mais encore de la bonne volonté et de la
charité des vivants [4]); il est vrai que le grand pape conseille
de ne pas trop escompter celles-ci; mieux vaut, en vue de la
félicité éternelle, s'acquitter consciencieusement des devoirs

---

[1]) Ch. XL: „*Quod quorundam animae adhuc in corpore positae poenale aliquid de spiritalibus vident.*" L'auteur cite quelques exemples à l'appui.

[2]) Ch. XLI: „*An post mortem purgatorius ignis sit.* Sed tamen de quibusdam
levibus culpis esse ante judicium purgatorius ignis credendus est, pro eo
quod veritas dicit, quia si quis in sancto Spiritu blasphemiam dixerit, neque
in hoc saeculo remittetur ei neque in futuro. In qua sententia datur intellegi
quasdam culpas in hoc saeculo, quasdam vero in futuro laxari." Ch. XLV:
„Unus quidem est gehennae ignis, sed non uno modo omnes cruciat peccatores.
Uniuscuiusque etenim quantum exigit culpa, tantum illic sentietur poena."

[3]) Ch. XLIII: „*Ubi esse infernus credendus sit.* Hac de re temere definire
nil audeo. Nonnulli namque in quadam terrarum parte infernum esse putaverunt: alii vero hunc sub terra esse aestimant. Sed tamen hoc animum pulsat, quia si idcirco infernum dicimus quia inferius jacet, quod terra ad caelum est, hoc esse infernus debet ad terram."

[4]) Ch. LII: „*An prosit animabus, si mortuorum corpora in ecclesia fuerint
sepulta.* Quos gravia peccata non deprimunt, hoc prodest mortuis,
si in ecclesia sepeliantur, quod eorum proximi quotiens ad eadem sacra
loca conveniunt, suorum quorum sepulcra conspiciunt recordantur, et pro
eis Domino preces fundunt." Ch. LVII: „*Quid sit quod post mortem valeat ad
absolutionem animas adjuvare.* Si culpae post mortem insolubiles non
sunt, multum solet animas etiam post mortem sacra oblatio hostiae salutaris
adjuvare, ita ut hanc nonnunquam ipsae defunctorum animae expetere videantur." Ch. LIX: „Idcirco credo,.... quia si insolubiles culpae non
fuerint, ad absolutionem prodesse etiam mortuis victima sacrae oblationis
possit. Sed sciendum est, quia illis sacrae victimae mortuis prosint, qui hic
vivendo obtinuerunt, ut eos etiam post mortem bona adjuvent, quae hic pro
ipsis an aliis fiunt."

imposés par la religion quand il en est temps encore [1]). Saint Grégoire ne parle nulle part d'un purgatoire proprement dit.

Il est certain que, se souvenant des préceptes du grand pape, bien des survivants ont consacré une partie de leur journée à la prière pour leurs parents défunts dans le but d'intercéder de cette façon en leur faveur auprès de Dieu, qui seul décide du mérite de ceux qui paraissent devant Lui; dans leur détresse ou leur isolement d'autres ont sacrifié une partie de leurs revenus ou de leur avoir pour subvenir aux frais des messes dites à l'intention de morts aimés; mais il est vrai aussi que nombre de gens se sont déchargés de leur devoir envers les morts sur ceux dont la prière était l'occupation quotidienne [2]); et d'autres encore qui avaient fait le tour du cœur et de la mémoire de leurs semblables, appréhendant l'inconnu, ont donné avant de mourir tout ce qu'ils possédaient à ceux qu'ils croyaient en bons termes avec le grand Justicier. Car au moyen-âge tous les groupes du haut en bas de l'échelle sociale, seigneurs, roturiers, paysans, serfs, ont souvent un sentiment religieux très vif, mais qui n'a rien de commun avec ce qui est devenu le sens moral de notre époque. C'est un sentiment essentiellement intermittent, inspiré par le remords aux heures de souffrance, de malheur, de maladie, à l'approche de la mort, qui se manifeste par des pèlerinages, des dons et des fondations et dont les caractères dominants sont la foi dans les prodiges et les miracles [3]), le culte des saints et une peur affreuse du diable et

[1]) Ch. LX: „Inter haec autem pensandum est quod tutior sit via, ut bonum quod quisque post mortem suam sperat agi per alios agat, dum vivit ipse pro se. Beatius quippe est liberum exire, quam post vincula libertatem quaerere. Debemus itaque praesens saeculum vel quia jam conspicimus defluxisse tota mente contemnere, quotidiana Deo lacrimarum sacrificia, quotidianas carnis ejus et sanguinis hostias immolare."

[2]) Cf. Beringer, *Les Indulgences*, p. 17: „L' indulgence a pour fondement principal la doctrine catholique sur l'existence du trésor de l'Eglise, composé des satisfactions infinies de Jésus-Christ, auxquelles s'ajoutent les satisfactions de la très sainte Vierge et des saints. Cette doctrine repose elle-même sur les deux dogmes de la communion des saints et du pouvoir que nous avons de satisfaire les uns pour les autres." P. 19: „Chaque fidèle contribue donc par ses prières, par ses œuvres de pénitence, de zèle et de charité, au bien du corps entier et au bien de chaque membre; en priant pour lui, il prie en un certain sens pour tous; il donne de sa force à tous ceux de ses frères qui sont faibles, et de son abondance à tous ceux qui sont dans le besoin et qui lui sont unis par la charité ou la grâce sanctifiante."

[3]) Félix Sartiaux, *o. l.*, p. 42.

des mauvais esprits; la généralité de l'humanité médiévale
vit de croyances et d'illumination. Il ne faut même pas en
excepter les clercs errants, jeunesse turbulente, qui fait
plutôt preuve d'irrévérence et de licence que de véritable
incrédulité. Aussi, puisque les moines vivent des dons et
des aumônes des croyants, que leur fonction est d'acquérir
des mérites pour eux et pour les autres [1]), il est juste qu'ils
portent les péchés de leurs semblables et tâchent d'en obtenir
la rémission par les larmes, les prières, le jeûne et les bonnes
œuvres, et il est équitable que les morts participent au bienfait
des mortifications et aux mérites qu'ils engendrent [2]).

Lorsque le chevalier, grâce à sa contrition première, à sa constance dans la foi, au mot de passe que lui ont donné les
messagers de Dieu est sorti indemne des griffes du diable —
il est à remarquer que l'imagerie médiévale ne doit rien à ce
récit pour la représentation des diables ou des anges, car
nulle part nous ne trouvons leur portrait — l'auteur intercale
une courte allocution à ses auditeurs. En tenant compte de
ce que nous venons d'écrire, nous comprenons la valeur de
cette exhortation: „Carissimis nostris, qui pro peccatis in
eis sunt, auxilium precibus devotis feramus.... omnes
qui pro peccatis purgandis extra os putei in quibuslibet
locis cruciantur, per beneficia que pro eis fient, a penis li-
berabuntur. In eis fortasse cruciantur patres nostri vel
matres vel sorores vel fratres vel amici, alii consistunt ut
purgentur; nostris precibus ac beneficiis exspectant ut liberentur." Frère H. conseille donc de recourir à l'indulgence [3])
pour venir en aide aux âmes du purgatoire. Parmi les nom-

---

[1]) Cf. Beringer, o.l., t. I, p. 21: „Nous ne saurions", dit le Catéchisme
romain, „exalter et remercier assez l'ineffable bonté de Dieu qui, ayant égard
à l'infirmité des hommes, leur a donné le pouvoir de satisfaire les uns pour
les autres.... Ceux qui sont en la grâce de Dieu peuvent bien payer pour un
autre ce que celui-ci doit à Dieu."

[2]) Cf. Beringer, o.l., t. I, p. 56: „....celui qui, à l'article de la mort ou
bien dans le purgatoire, obtient, dans toute son efficacité, la faveur d'une
Indulgence plénière, voit immédiatement les portes du ciel s'ouvrir devant
lui."

[3]) Cf. Beringer, o. l., t. I, p. 2: „Omnes magni faciant indulgentias,
seu remissionem coram Deo poenae temporalis debitae pro peccatis, ad
culpam quod attinet jam deletis, quam ecclesiastica auctoritas ex thesauro
Ecclesiae concedit pro vivis per modum absolutionis, pro defunctis per
modum suffragii."

breux protestataires [1]), nous nous bornerons à relever Abélard (1070—1142), qui au début du XIIe siècle déjà avait violemment attaqué les abus qui s'étaient introduits à leur sujet dans les mœurs ecclésiastiques [2]). Sa raison lui refusait-elle d'admettre les croyances de ses contemporains concernant l'intercession des vivants en faveur des morts, ou était-il simplement plus rigoriste qu'eux? Il enseignait que l'âme de tout mortel devait passer par les tourments purificateurs, quand bien même le repentir était sincère et que l'exemption des peines de l'enfer était certaine. Frère H. concède dans l'allocution des archevêques que tous doivent passer par le purgatoire, mais il ajoute: „nullus autem eorum qui in penis sunt novit quamdiu ibi demoraturus sit: per missas vero et psalmos et orationes et elemosinas, quociens pro eis fiunt, aut eorum tormenta minorantur, aut de ipsis tormentis in minora transferuntur, donec omnino per talia beneficia liberentur."

Ni Gérold de Barri, ni Jocelin ne se mettent en peine de décrire les tourments qu'ils mentionnent; frère H. au contraire abonde en détails minutieux et précis, il veut inspirer la crainte de ces supplices. Car une partie du clergé en y insistant, faisait sciemment dériver à son profit la terreur et la crédulité religieuses auxquelles les masses n'étaient que trop disposées par un état d'instabilité et d'anxiété générales causées par les calamités et les malheurs du temps. Il est évident que le récit des aventures d'Owein n'a pas été écrit pour ceux qui se permettaient de douter et d'avoir des opinions personnelles, mais pour les grandes masses, à qui il fallait des légendes et de belles histoires pour bercer leur détresse morale, des rites et des cérémonies pompeuses pour flatter leur imagination et l'assurance de la possibilité d'une paix et d'une félicité éternelles pour faire fleurir leur espoir et les faire travailler pour la plus grande gloire du Seigneur [3]). Aussi, comme la prière pour les trépassés occupait

---

[1]) Cf. Pijper, *Boete en Biecht*, t. II, p. 89. En 1085 l'évêque de Cambrai se rendit à Arras pour y juger des hérétiques venus d'Italie, qui déclaraient n'attacher aucun prix aux pénitences imposées par l'Eglise; ils niaient l'existence du purgatoire et maintenaient que les mérites des vivants ne pouvaient profiter au salut des trépassés.

[2]) Cf. Beringer, o. l., p. 43, et Pijper, *Boete en Biecht*, t. II, p. 348.

[3]) Cf. *Chronicles of the Reigns of Stephen, Henry II, and Richard I*, vol. IV,

la majeure partie des journées de la plupart des communautés religieuses, puisqu'on la croyait efficace pour alléger ou abréger les tourments des suppliciés du purgatoire, il n'est pas étonnant que le clergé ait exploité toutes les croyances concernant la vie future pour favoriser les pratiques de dévotion et stimuler les craintes des pécheurs inquiets [1]). Il est probable que plus d'un homme scrupuleux avant d'expirer se sera recommandé aux prières d'une communauté religieuse; mais il est hors de doute que celles-ci se sont enrichies par les dotations et les libéralités des malfaiteurs et des criminels qui appréhendaient de paraître devant le grand Justicier, se méfiant de l'efficacité de leur repentir et de la suffisance de leur expiation. Pénétrés de la gravité de leurs offenses envers Dieu et les hommes, doutant d'obtenir leur salut par leurs propres œuvres, les grands pécheurs puissants s'adressaient aux moines dans l'espoir d'être sauvés par eux de la damnation éternelle ou des tortures purificatrices — et ils les payaient largement de leurs bons offices. Plus d'un grand seigneur avant de mourir frustre ses héritiers au profit de l'église, croyant par sa munificence acheter l'intercession des moines auprès de Dieu. Les nobles qui furent cause de l'anarchie sous Etienne — remarquez qu'Owein est un contemporain de ce prince — et en avaient profité par des déprédations, des pillages, des exactions et des cruautés sans nombre [2]), peuvent être considérés comme les vrais protec-

---

edited by Richard Howlett, London 1889, p. 150: „Hoc eodem anno (1145) cœperunt homines prius apud Carnotum carros lapidibus onustos et lignis, annona, et rebus aliis, suis humeris trahere ad opus ecclesiae, cujus turres tunc fiebant. Quae qui non vidit, jam similia non videbit. Non solum ibi, sed etiam in tota paene Francia et Normannia et aliis multis locis, ubique humilitas et afflictio, ubique pœnitentia et malorum remissio, ubique luctus et contritio. Videres feminas et homines per profundas paludes genibus trahere, verberibus caedi, crebra ubique miracula fieri, Deo cantus et jubilos reddi.... Diceres prophetiam impleri: „spiritus vitae erat in rotis."

[1]) Cf. Félix Sartiaux, *Foi et science au moyen âge*, passim; Pijper, *Boete en Biecht*, surtout tome II; Peter Newcome, *The history of the ancient and royal foundation called the abbay of Sint Albans in the county of Hereford* 1795; Davis, o. l., chapter VI; Freeman, *The history of the Norman conquest of England. Its causes and its results*, Oxford, 1867-9, vol. V, p. 37.

[2]) Cf. J. H. Round, *Geoffrey de Mandeville, a study of the anarchy*, London, 1892, p. 217: „Every lord had.... his castle, and every castle was a robber's nest.... The people, by hundreds and thousands, were perishing

teurs des Cisterciens [1]), dont l'influence grandit pendant tout le XIIe siècle. Leurs pioniers en Angleterre, recrutés parmi les moines de l'Aumône du diocèse de Chartres, fondent la première abbaye cistercienne à Waverley en 1129; les fondations se succèdent rapidement; deux autres missions continentales de l'ordre de Citeaux aidant, il y en eut plus de deux cents vers la fin du siècle, grâce à une propagande adroite, dont la mission de Gilbert de Luda est un témoignage naïf et irrécusable. Il est vrai que l'activité déployée par les Cisterciens en Angleterre faisait vibrer une corde sympathique dans le cœur de ceux dont la vie journalière était en contradiction flagrante avec les principes sur lesquels se basait l'ascétisme, la réclusion, la prière. Une vague d'enthousiasme pour la vie monastique, distributrice de paix et de pardon dans cette vie et dans l'autre, soulevait toute la société anglo-saxonne; la source des donations semblait intarissable et tous donnaient aux Cisterciens, qui pour son propre compte, qui pour un parent ou un ami; celui-ci pour racheter une satisfaction pénible, celui-là dans le but de se faire pardonner des crimes publics ou secrets.

Vers la fin du XIIe siècle les richesses accumulées et les propriétés de l'ordre de Citeaux sont immenses; mais cette puissance et cette richesse grandissante engendrent l'hypocrisie, l'avarice, la cupidité, les détournements d'héritage, une lésinerie et une rapacité incroyables [2]). Les Cisterciens tiennent commerce aux portes des monastères, dans les foires et les tavernes, se livrent au négoce, se mêlent à la vie séculière. Des désordres, des conspirations, des rébellions, des luttes intestines sévissent dans la plupart des monastères, et l'influence de l'ordre de Citeaux périclite [3]).

---

for want of bread, and their corpses lay unburied in the fields.... Not for ages past.... had there been such tribulation upon earth. Might was then right, for all classes, throughout the land; the smaller gentry were themselves seized, and held, by their captors, to ransom.... Ransom was wrung from the quivering victims by a thousand refinements of torture." Voir aussi le présent volume, p. 80.

[1]) Cf. Howlett, *Chronicles of Stephen.* vol. I, p. XIII.

[2]) Cf. Giraldi Cambrensis *Opera.* vol. IV, p. XIV: „Of the great monastic bodies, then established in every corner of it (England) by far the most numerous, influential and important were the Benedictines; next to them were the Cluniacs and, last of all, though at that time (fin du XIIe s.), perhaps the most active and unscrupulous were the Cistercians."

[3]) Robert de Torigni (*Chronicles of Stephen,* vol. IV, p. 171) rapporte

Il est possible que frère H. ait été le premier à croire ce qu'il écrivait; toujours est-il qu'à relire son œuvre et à la replacer dans son cadre et son milieu, on est frappé par l'empreinte indiscutable de la propagande. Or, celle-ci n'est pas nécessaire quand une pensée ou une institution brille de tout son éclat; lorsqu'il est près de sombrer, le soldat s'élance vers le drapeau pour le maintenir bien haut au-dessus de la mêlée; l'ordre de Citeaux, le plus rigoureux de tous, fondé en 1098 pour réformer les mœurs monastiques, déchoit vers la fin du XIIe siècle, comme nous venons de le voir, et par ses mœurs relâchées décline aux yeux du public. Alors, conscients de leur influence défaillante, les moines cisterciens exploitent la peur de la mort, du diable et de ses instruments de torture [1]) et frère H., expert dans l'art de raconter, sollicité à cet effet par l'abbé de Sartis, tente par un récit basé sur une croyance populaire de ramener les brebis égarées au bercail, et la faveur, la puissance, la richesse à son ordre. Pour illustrer l'excellence de celui-ci, il fera dire par Owein, témoin oculaire des peines du purgatoire et de la béatitude des élus, au roi à la cour duquel il vit: „C'est avec plaisir que je dois servir les moines cisterciens et vous devez les recevoir gracieusement dans votre royaume. En vérité je n'ai pas vu dans l'autre monde des hommes environnés d'autant de gloire qu'eux."[2]) Après cela nous étonnerons-nous que les messagers de Dieu, les premiers êtres humains qu'Owein rencontre dans la fosse merveilleuse, fassent penser à des Cisterciens? Ils sont rasés de frais, de

---

qu'en 1152 les Cisterciens décidèrent de ne plus fonder de nouvelles maisons, le nombre de celles-ci s'élevant à peu près à cinq cents. L'auteur parle sans doute des maisons continentales, puisque sous Henri II les Cisterciens continuent de construire en Angleterre; à l'année 1153 il enregistre des bruits désapprobateurs qui circulent sur le compte de l'ordre de Citeaux: „Mulier quaedam religiosa de provincia Lothariensi, habens spiritum prophetiae, misit litteras capitulo Cisterciensi valde obscuras et quasi per integumentum loquentes; in quibus tamen poterat animadverti quod aliquantulum et teporem ordinis et frigus notaret caritatis."

[1]) Cf. *Speculum ecclesiae*, ch. VI; Sartiaux, *o.l.* p. 87 et suivantes.

[2]) Cf. *Boete en Biecht*, t. II. p. 348. En 1406, au synode de Hambourg, un frère mineur déclare que celui qui meurt dans l'habit de l'ordre de saint François d'Assise ne passera pas par le purgatoire: „Quicumque veste monastica Minoritarum fratrum amictus ex hac vita decederet, illum certa salus aeterna ut maneret. Quin nec diutius purgatorii cruciatibus torquendum illum asserebant nonnulli."

blanc vêtus, ils sont les porte-parole du Seigneur. Ce sont eux qui lient et délient le grand pécheur que devait être le chevalier Owein, contemporain du roi Etienne.

IV

Pour savoir de quelle façon les Cisterciens prenaient pied parmi les populations, nous n'avons qu'à examiner la mission de Gilbert dont la valeur justificative ainsi que l'esprit de propagande sont indéniables. Ce passage présente en raccourci un tableau suggestif des mœurs monastiques de l'époque et il est aisé d'en dégager une réfutation de l'accusation de certains vices qu'on reprochait aux moines envoyés en mission. La seconde expédition cistercienne, partie de France en 1131, s'établit dans le Yorkshire, dont les habitants avaient été exterminés par la soldatesque de Guillaume le Conquérant[1]); ils furent accueillis avec joie par les rares habitants de ces contrées auxquels ils apportèrent plus de bien-être et plus de sécurité en prêchant d'exemple[2]): obligés par la règle de l'ordre de gagner leur vie par le travail manuel, ils cultivèrent les champs laissés en friche depuis la conquête et, grâce à des soins intelligents, ils repeuplèrent les vastes étendues désolées du bétail indispensable à l'homme. Les nouveaux venus inculquaient en même temps à la population agricole des habitudes d'ordre, de régularité, de propreté ; ils protégeaient les faibles, nourrissaient les affamés, soulageaient les malades, hospitalisaient les passants[3]). Aux misérables ils apportaient la consolation de la foi et l'espoir d'une vie meilleure. Peu importe pour le moment si plus tard les Cisterciens ont dérogé à ces excellents principes. A plus de cinquante ans d'intervalle des circonstances analogues se renouvelèrent pour eux ; cette fois-ci l'île envahie était l'Irlande ; ils avaient toujours l'oreille de la majorité du public, mais ils avaient à lutter contre la malveillance des ecclésiastiques qui, ne leur ménageaient pas les reproches[4]).

A l'époque où frère H. écrivait les aventures du chevalier,

---

[1]) Cf. Howlett, *Chronicles of Stephen*, vol. I. p. XIII.

[2]) *Ibidem*, p. XV. etc.. et Giraldi Cambrensis *Opera*, vol. IV, *Speculum ecclesiae.*

[3]) Cf. *Speculum ecclesiae*, p. XX note 2, p. XXXV, 112 et 113.

[4]) Cf. *Speculum ecclesiae*, p. XXIX.

soyons persuadés que les expéditions anglaises en Irlande devaient être un sujet de conversation captivant et plein d'actualité. Il est vrai que les moines ne conduisaient pas les soldats à l'assaut, mais ils les suivaient de bien près; il ne leur était pas interdit de profiter du désarroi causé par l'invasion, ni de mettre la main sur des propriétés que personne ne réclamait.

Lorsqu'une abbaye était dotée d'une propriété éloignée, le prieur ne pouvant payer de sa personne, désignait quelques-uns de ses moines pour aller y fonder une nouvelle communauté, qui restait parfois tributaire de la maison-mère. A l'origine, ces missionnaires s'en allaient par groupes de treize, douze moines et un prieur[1]); la nouvelle abbaye prenait modèle sur l'ancienne et la stricte vie conventuelle reprenait son cours comme par le passé. Mais plus tard des groupes de deux ou de trois moines, quelquefois un frère tout seul, partaient comme mandataires pour prendre possession d'un nouvel apanage. L'on devine sans peine les conséquences désastreuses d'une mesure pareille. Exempts de l'observance de la discipline, n'étant plus soumis à un contrôle vigilant, ces gardiens de celle[2]) abandonnaient bientôt sous différents prétextes la règle rigoureuse de leur ordre. Violant la sainteté de leurs vœux, ils pourchassaient sans vergogne les plaisirs des hobereaux cossus. Si par hasard des plaintes sur leur conduite parvenaient aux oreilles de leur supérieur, ou bien celui-ci ne les admettait pas, ou bien, si par aventure il y ajoutait foi, il reculait devant le danger de rappeler les moines parjures par crainte d'exposer ceux qui étaient restés sous sa garde à leur commerce pernicieux et les crimes restaient impunis. Il n'était pas rare qu'un moine à force d'intrigues obtînt un poste de cellérier; or, on imagine facilement qu'après avoir goûté de la liberté et des plaisirs, il aimait mieux ne pas retourner à son port d'attache[3]). Il préférait les risques et l'insécurité de sa position présente à la perspective

---

[1]) Cf. *Historia rerum anglicarum*, p. XV. et *Speculum ecclesiae*, pp. XXV, 31 et suivantes.

[2]) Chaucer dans ses *Canterbury Tales* fait un portrait ressemblant d'un "keeper of the celle". Ce moine aime l'indépendance, il a de beaux chevaux et des lévriers superbes. (Cf. F. J. Snell, M. A., *The age of Chaucer*, London, George Bell and Sons, 1906, p. 196) et *Geoffrey Chaucer's Canterbury Tales* herausgegeben von John Koch, Heidelberg, 1915, p. 15, vv. 165—207).

[3]) *Sp. eccl.*, p. 35.

d'une vie monotone, là où il lui faudrait courber le front sous
une règle de fer [1]). Et voilà qui illustre d'une façon inattendue
les tentations auxquelles fait allusion l'homélie du texte
d'Utrecht: „Comparentur nunc temptaciones hujus vite locorum istorum tormentis ac miserie, que, si opponantur in mentis
statera, quasi maris arena omnibus temptacionibus gravior
locorum istorum apparebit miseria. Carneis motibus nemo
delectabitur quamdiu de hiis meditabitur. Quibus gravis et
aspera videtur esse quies claustralis et religio, cogite[n]t qualis
sit locorum istorum horror et tormentorum illorum excruciacio."

Frère H. ne devait pas ignorer les bruits désavantageux qui
couraient sur le compte des gardiens de celle; peut-être
cite-t-il pour les démentir l'exemple du cellérier Gilbert,
qui, après deux ans et demi de vie libre, retourne à Luda avec
ses compagnons. D'ailleurs, jamais Gilbert ne fût devenu
abbé, si l'on avait trouvé quoi que ce soit à redire sur sa
conduite. Ils mentent donc, ceux qui disent que les Cisterciens sont blancs au dehors et noirs en dedans; ils mentent
encore, ceux qui prétendent que les frères blancs sont des
voleurs ou pis encore [2]); on peut en croire Gilbert rapportant
les paroles du chevalier Owein, explorateur intrépide d'un
pays où nul avant lui ne s'était hasardé. „Gratanter debeo
eis servire, et gaudenter debetis monachos Cisterciensis
ordinis in terra vestra suscipere, quoniam, ut verum fatear,
in alio seculo in tanta gloria non vidi homines alios in quanta
vidi eos esse."

---

[1]) Cf. *Sp. eccl.*,, p. 36: „Mirum autem de monachis ad loca pauperrima
sic transmissis, quod ibi pane cribrario et atro olerum aut leguminum jure
hesterno rugientem ventrem pascere malunt, quam in domibus suis prin-
cipalibus."

[2]) Cf. *Speculum ecclesiae*, pp. 135, 136, 137.

CHAPITRE III

Considérations sur quelques rédactions latines

En 1891 Mall publia le *Tractatus de purgatorio sancti
Patricii* de frère H., tel qu'il se trouve dans un manuscrit
de Bamberg [1]), ms. E VII 59 (*B*). En regard de cette rédaction
il a fait imprimer celle de Colgan, publiée en 1647 à Louvain,
basée sur trois textes différents [2]). En note Mall a donné
les variantes d'Arundel 292 du British Museum (*A*) [3]) en
s'appuyant sur le texte de Colgan, ce qui peut nous sur-
prendre vu l'écart manifeste entre ces deux rédactions.
Mall s'en excuse du reste [4]). Or, *A*, qui a une haute valeur
documentaire, est difficilement accessible tel qu'il a été
publié [5]); les erreurs de collationnement étant en outre
nombreuses, il est hasardeux de se baser sur les variantes

---

[1]) Ed. Mall, *Zur Geschichte der Legende vom Purgatorium des heiligen
Patricius*, dans *Romanische Forschungen*, VI, 1891, pp. 139—197.

[2]) Cf. T. Atkinson Jenkins, *The espurgatoire Saint Patriz of Marie de
France, with a text of the latin original* (*The decennial publications of the
University of Chicago*, vol. VIII, 1903), p. 4.

[3]) Ward (*o. l.*, p. 452) donne la description et une étude sommaire de
ce manuscrit, qui date de la fin du XIII⁰ siècle.

[4]) Cf. Mall, *o. l.*, pp. 142, 143. „Ich gebe daher hier den Text von A
(Bamberg) und den von K (Arundel 292) und von Colgan. Erstere Hs. habe
ich selbst abgeschrieben. Dagegen musste ich mich in Bezug auf die
Londoner Hs. (K) aus äusseren Gründen mit einer Kollation derselben mit
dem Drucke Colgan's begnügen. Der Umstand, dass K mit Colgan ver-
glichen werden musste, hat allerdings eine Unbequemlichkeit im Gefolge.
K steht der Bamberger Hs. bedeutend näher, als jenem Drucke, und so wäre
es denn an sich rationeller gewesen, K mit A zu vergleichen und den Colgan'schen Text, der ja im Einzelnen ohne Autorität ist, wegzulassen. Dazu
konnte ich mich aber nicht entschliessen. Eine Umwandlung der Kollation
von K mit dem Druck in eine solche von K mit A wäre sicher eine Quelle
zahlreicher Fehler geworden."

[5]) Atkinson Jenkins, parlant du ms. *A*, dit ce qui suit: „A serious
obstacle .... was encountered in attempting to use K (= Arundel 292),
the second manuscript published by Mall."

données. Voilà pourquoi nous publions *A* in extenso en supplément. En général *A* est conforme à la rédaction Harley 3846 du British Museum (*H*) [1]. Ce texte a été publié en 1903 par Atkinson Jenkins en regard de celui de *l'Espurgatoire Saint Patriz* de Marie de France. Il a fait suivre ces deux textes de la rédaction complète de Royal 13 B VIII également du British Museum (*R*). [2]

Dès 1893, Ward [3] avait décrit les quinze manuscrits latins du British Museum où se trouve en entier ou en partie l'œuvre de frère H., et il avait consacré à celle-ci une étude très approfondie et très documentée. L'auteur a divisé les quinze textes qu'il avait sous la main en deux groupes, se basant sur la leçon différente de trois passages correspondants [4]. Pour Ward *R* est le type du groupe α, *A* celui du groupe β. Si nous acceptons cette division, *H B A*, *U*, ainsi que les rédactions de Roger de Wendover (*W*) [5] et de John de Tynemouth (*T*) [6], rentrent dans ce dernier groupe.

Nous avons examiné sur les lieux les textes mentionnés par Krapp [7]; trois des manuscrits de la Bibliothèque Bodléienne d'Oxford sont dénués de tout intérêt, ce sont Rawlinson C 97, Ashmoll 128.9, et Rawlinson B 494; Digby 34 et Digby 172 sont des textes très étroitement apparentés à *R*; M. Krapp a déterminé le texte de l'Université de Cambridge Ff. I. 27, qui est une reproduction fidèle de cette dernière rédaction; celle de la Bibliothèque de Sidney Sussex College de la même ville 50 △ 3.5, que nous avons également collationnée, est encore un texte voisin de *R*.

Voici en outre quelques autres textes latins du *Tractatus de purgatorio sancti Patricii* de frère H., qui se trouvent en France et qui n'ont pas encore été signalés:

---

[1] Manuscrit du XVIe siècle. Cf. Ward, *o. l.*, p. 463.

[1] Manuscrit de la fin du XIIe siècle. Cf. Ward, *o. l.*, p. 435.

[3] Ward, *o. l.*, pp. 435—492.

[4] Voir les trois premiers exemples au tableau comparatif des textes latins.

[5] Sur Roger de Wendover et les Chroniqueurs de Saint-Auban voir plus loin, page 81.

[6] Le texte de John of Tynemouth se trouve dans le ms. Cotton Tiberius E 11 du British Museum et a été publié par Carl Horstmann dans *Nova Legenda Angliae*, Oxford, 1901.

[7] G. Ph. Krapp, *The legend of Saint Patrick's Purgatory: its later literary history*, Baltimore, 1900.

Paris: Bibliothèque nationale: No. 5137 ms. du XIIIe s., No. 3338 ms du XIVe s., No. 12618 ms. du XIVe s., No. 13434 ms. du début du XIIIe s.

Dyon: archives départementales de la Côte d'or, Bibl. 152, No. 29. Copie moderne d'un manuscrit du XIIIe s.

Evreux (Eure): Bibliothèque de la ville, manuscrit latin No. 4, XIIIe s.

Melun (Seine et Marne): Bibliothèque de la ville, ms. No. 17, XIIIe s.

Auch (Gers): Bibliothèque de la ville, manuscrit No. 10, XVe s.

St. Omer (Pas-de-Calais): Bibliothèque de la ville, manuscrit No. 307, XIIIe s.

Chartres (Eure-et-Loire): Bibliothèque de la ville de Chartres: a) manuscrit No. 84 (ancien 131) XIIIe s., b) manuscrit No. 1036 (histoire locale 51) XIVe s.

Reims (Marne): Bibliothèque de la ville, manuscrit No. 1393, XIVe s.

Laon (Aisne): Bibliothèque, manuscrit No. 341.

Montpellier (Hérault): Bibliothèque de l'école de Médecine, manuscrit No. 503, XIVe s.

Troyes (Aube): Bibliothèque de la ville, manuscrit No. 1876, XIIIe ou XIVe siècles.

Quelle est la valeur de ces textes? Nous n'en savons rien encore. Le manuscrit de la Bibliothèque Nationale coté 12618 est apparenté à la rédaction *R*, bien que ce ne soit pour ainsi dire qu'un extrait et, chose curieuse, le nombre des messagers de Dieu y est de XII au lieu de XV.

Lorsque M. Lucien Foulet, en 1908, a publié son très intéressant article sur Marie de France et le Purgatoire de saint Patrice[1]), il a senti sans doute ce que la division de Ward avait d'arbitraire et de simpliste et il en a proposé une autre. En comparant la rédaction *R* aux autres déjà connues, il a cru y distinguer la main de trois interpolateurs successifs et il a proposé de faire entrer les textes connus dans quatre groupes différents. Les voici:

I. *B* et *H*, qui présentent la version la plus ancienne.

II. *A*, pas de théologie, mais le témoignage de l'évêque Florentien et deux historiettes supplémentaires.

---

[1]) Cf. Foulet, *Marie de France et la légende du Purgatoire de saint Patrice, dans Rom. Forsch.*, XXII, pp. 599—627.

III. 1°. Harley 3776[1]), prologue comme dans *B* et *H*, aucune
homélie, les additions d'*A*, puis encore deux nouvelles historiettes.

2°. Cotton. Nero VII[2]), qui contient en outre les deux
homélies[3]).

3°. Harley 261[4]).

4°. Le texte inconnu dont se serait servie Marie de France.

IV. *R*, le texte que Ward tient pour l'œuvre originale de
frère H.

M. Foulet cependant se demande si Royal 8 C XIV[5]) et
Royal 9 A XIV[6]) ont reproduit et abrégé *R*, comme le sup-
pose Ward, ou s'ils offrent l'état d'un texte intermédiaire entre les groupes III et IV, de sorte qu'un des deux ou leur pro-
totype aurait pu servir d'original à *R*, qui aurait ainsi ajouté
à son modèle.

On pourrait proposer une autre division encore en essayant
de se faire une idée du milieu auquel le scribe destinait sa
copie; ce faisant, nous discernons trois groupes:

1°. textes à tendance édifiante et apologétique,

2°. textes purement narratifs,

3°. textes mixtes tenant des deux groupes précédents.

Premier groupe

Vers la fin de son travail, avant de déposer sa plume, frère
H. rejette la responsabilité de la publication de son *Tractatus*
sur son supérieur: „Si quis autem hinc me reprehendere voluerit, sciat quod vestra me hoc scribere jussio coegit." L'auteur pressentait donc que les objections ne manqueraient pas
de s'élever et que, parmi ses contemporains, il y aurait des sceptiques qu'il faudrait convaincre à tout prix. Or, le prologue,
qui coupe la dédicace en deux, a toutes les allures d'une apolo-
gie du récit qui va suivre. Aussi ne risque-t-on rien en sup-
posant qu'il a été intercalé après l'achèvement de celui-ci
pour en prouver tant bien que mal la véracité, en s'appuyant

---

[1]) Cf. Ward, *o. l.*, p. 458: Harley 3776, ms. du début du XIVe siècle.

[2]) Cf. Ward, *o. l.*, p. 455, ms. de 1200 environ.

[3]) La première homélie clôt les épreuves du purgatoire, la seconde se
place après le retour du chevalier. Cf. Atkinson Jenkins, *o. l.*, pp. 90 à 92.

[4]) Cf. Ward, *o. l.*, p. 457; ms. du début du XIIIe s.

[5]) Cf. Ward, *o. l.*, p. 456; ms. datant de 1200 environ.

[6]) Cf. Ward, *o. l.*, p. 460; ms. du XIVe s.

sur les Pères de l'Eglise: le ton, le mouvement de la phrase
sont autres que dans le reste de l'œuvre. Les rédactions qui
renferment ce prologue ainsi que la première homélie, qui n'est
qu'un doublet de l'allocution des archevêques, constituent ce
premier groupe; ce sont *U H, B*.

U. Il est impossible de déterminer si l'addition du chapitre
V de la IIe partie de la *Topographia Hibernica* de Giraldus
Cambrensis doit être attribuée au copiste du XVe siècle ou à
un de ses prédécesseurs. Toujours est-il que, soucieux d'exactitude topographique et mécontent des renseignements plus
que sommaires concernant la situation de la fosse merveilleuse, un scribe a placé ce chapitre en tête de sa copie comme
entrée en matière, peut-être pour satisfaire la curiosité de
lecteurs ou d'auditeurs continentaux. Abstraction faite de
cette addition absolument exceptionnelle, la rédaction *U*, dé-
nuée de fleurs littéraires et monastiques, prouve par sa sobriété
même qu'elle est d'une haute ancienneté et se rapproche plus
que les autres du texte primitif.

B. En publiant cette rédaction, Mall croyait qu'elle pourrait servir à dissiper l'incertitude qui, vers la fin du XIXe
siècle, régnait encore sur l'original de Marie de France; se
fiant à certains indices, il supposait que ce texte serrait de
près l'archétype. Mall faisait fausse route ; la publication
d'Atkinson Jenkins l'atteste. Dans *B* le texte original a été
tellement déformé par la surcharge de fleurs de rhétorique[1])
et de considérations théologiques, qu'il est fort improba-
ble que cette rédaction puisse jamais servir à reconstituer
un texte critique.

H. En général les rédactions *H* et *A* (voir au deuxième
groupe), sauf pour ce qui regarde les considérations théologiques et les anecdotes supplémentaires, se couvrent. En outre,
le copiste de *H* montre une certaine aversion pour les noms
propres. Que le lecteur juge:

H   *U*

H	*U*
Incipit relatio quidam sapientis de Purgatorio Sancti Patricii in Hibernia. Cum continua salute, patri filius,	Incipit tractatus de purgatorio sancti Patricii ex historia Hibernie. ....Patri suo peroptato in Christo

---

[1]) Voir le tableau comparatif des textes latins.

obedientie munus. (*Dédicace*)	Domino H., abbati de Sartis, frater H., monachorum minimus, cum continua salute, patri filius, obedientie munus.
Diebus autem illis quibus in curea regis ipse moraretur pro causa hujusmodo (*sic*), memorie pie abbas Gervatius illius cenobii, qui ab eodem rege locum ad construendam abbatiam adquisivit, monachum suum nomine Gilbertum qui postea fuit abbas de (*le nom est laissé en blanc*) apud eundem regem in Hibernia misit. (*Mission de Gilbert*).	Diebus autem illis quibus circa regem ipse miles moraretur pro causa hujusmodi, pie memorie abbas Gervasius Ludensis cenobii, qui ab eodem rege locum ad construendam abbaciam acquisivit, monachum suum nomine Gilebertum de Luda, qui postea fuit abbas de Basyngehewere, apud eundem regem in Hyberniam misit.

Deuxième groupe

Ce ne sont pas exclusivement les copies à l'usage des bibliothèques conventuelles et ecclésiastiques qui ont répandu le récit des aventures d'Owein; les chroniqueurs de Saint-Auban[1] Roger de Wendover[2] et Matthieu de Paris[3], l'hagiographe John de Tynemouth[4] y ont contribué. En passant par leurs mains, l'œuvre de frère H. s'altère considérablement. Le but de ces compilateurs n'étant ni d'édifier, ni de convaincre,

---

[1] L'abbaye bénédictine de Saint-Auban fut fondée en 793. Les premiers abbés étaient de haut lignage; ils s'adonnaient aux sports plutôt qu'à la prière et au jeûne. Après la conquête des Normands un moine de Caen, devenu abbé de Saint-Auban, y institua un scriptorium. Mais ce n'est qu'à partir du règne de Jean sans Terre qu'il est fait mention des chroniqueurs de Saint-Auban.

[2] Roger de Wendover est l'auteur des *Flores Historiarum*, ouvrage écrit entre 1230 et 1235. Il semble avoir copié lui-même la première partie de sa compilation d'un prédécesseur, peut-être John de Cella, abbé de Saint-Auban de 1195 à 1214. Cf. *Matthaei Parisiensis, monachi sancti Albani, Historia Anglorum*, en deux volumes, publié par Luard en 1879, p. XI.

[3] On admet généralement que Matthieu de Paris a repris et continué la compilation de Roger de Wendover; voilà pourquoi nous citons toujours ce dernier.

[4] John de Tynemouth écrit entre les années 1327—1346. Cf. Carl Horstmann, *Nova Legenda Angliae*, 2 vol., Oxford, 1901.

ni d'opérer des conversions, ils éliminent de prime abord
du cadre de leur ouvrage (dédicace, exorde, théologie, con-
troverse, exhortations, historiettes incidentelles, témoignages
justificatifs, péroraison) tout ce qui est superflu et ils ajoutent ce qui, à leur avis, doit augmenter la vraisemblance de
ce merveilleux événement.

Roger de Wendover (XIIIe siècle) en sa qualité d'annaliste
est obligé de trouver une date plausible: combinant plusieurs
données fournies par frère H. lui-même, il arrive à fixer celle
de 1153. Owein devient „Hoenus, qui purgatorium vivus intravit, qui multis annis sub rege Stephano militaverat, li-
centia a rege impetrata profectus est in Hiberniam ad natale
solum, ut parentes visitaret; qui cum aliquamdiu in regione illa demoratus fuisset, cœpit ad mentem reducere vitam suam
adeo flagitiosam, quod ab ipsis cunabilis incendiis semper va-
caverat et rapinis, et quod magis dolebat se ecclesiarum fuisse
violatorem et rerum ecclesiasticarum invasorem, praeter
multa enormia, quae intrinsecus latebant, peccata."

Voilà donc l'opinion que les contemporains se faisaient
des chevaliers; elle n'est guère flatteuse; l'addition prouve du
reste que Roger de Wendover, écrivant pour la postérité, sentait la nécessité de renseigner les siècles à venir sur les méfaits des seigneurs féodaux, ce que frère H. avait négligé de
faire. Après sa visite à la fosse, Hoenus ne va pas en Terre Sainte
comme croisé pour se battre contre les Musulmans, mais en
pèlerin [1]): „....in terram sanctam devotus proficiscens, sepul-
chrum Domini cum locis aliis venerabilibus in sancta contem-
platione petivit." Puis Roger de Wendover brode encore:
„Et inde, expleto laudabiliter peregrinationis voto, reversus,
regem Stephanum dominum suum adiit, consulturus ut ejus
consilio in [pace?] sanctae religionis reliquum vitae suae expleret
ac Regi regum de caetero militaret. Contigit autem eo tempore ut Gervasius, Ludensis cenobii abbas, rege Anglorum
Stephano donante locum ad abbatiam construendam in Hibernia obtineret, qui monachum suum nomine Gilebertum ad
regem duxerit, ut ab eo locum susciperet et ibi construeret
abbatiam. At Gilebertus ad regem veniens conquestus est
nimis quod patriae illius linguam non novit. „O, inquit rex,
bonum tibi interpretem Deo auxiliante inveniam", et vocato

---

[1]) Cf. Pijper, *Boete en Biecht*, t. II, p. 399. L'homme de guerre qui a
fait pénitence ne peut plus porter les armes.

Hoeno, jussit rex ut Gileberto iret et cum ipso in Hibernia remaneret."

Remarquons que Roger de Wendover étant bénédictin, se garde de vanter les Cisterciens.

Au XIVe siècle John de Tynemouth écrit un recueil de vies de saints. Ayant une certaine prédilection pour l'horrible, il a glané dans les histoires religieuses que les siècles précédents avaient léguées, tout ce qui était à même de faire dresser les cheveux: aussi le récit des aventures d'Owein, qui devient Owinus, y a-t-il trouvé une place. Il a retranché tout ce qui lui semblait superflu, pour ne garder que le noyau du récit, c'est-à-dire la prédication de saint Patrice et la descente du chevalier dans la fosse; il ne parle pas de Gilbert; par contre il donne quelques nouveaux détails: Dieu vient de donner le bâton à saint Patrice: ,,qui jussu domini in quodam loco circulum magnum cum baculo designavit et terra circa circulum se aperuit et puteus magnus et profondus ibidem apparuit."[1] Owinus serait descendu dans la fosse en 1160: ,,Contigit enim tempore regis Anglie Stephani, circa annum domini millesimum centesimum sexagesimum militem quendam Owinum nomine ad episcopum illius loci confessionis gracia venire." Le récit se termine comme suit: ,,Locus autem purgatorii sancti Patricii Reglis nominatur." Le compilateur a sacrifié au goût de son époque en faisant suivre les aventures du chevalier de trois narrations qui n'ont qu'un rapport fort éloigné avec le sujet qu'il vient de traiter.

Cette manie des anecdotes, qui devient un véritable travers lorsque les frères mendiants en émaillent leurs admonitions pour captiver et retenir l'attention de leur auditoire[2]), datait de loin, puisque dans U et B nous en trouvons déjà deux. Plus l'œuvre de Frère H. s'éloigne de sa source, plus elle s'enrichira d'éléments hétérogènes.

---

[1]) C'est un détail que nous avons trouvé uniquement dans cette relation et que reproduit Eckleben, *Die älteste Schilderung vom Fegefeuer des heiligen Patricius*, Halle, 1885, p. 5, qui le donne comme faisant partie du récit primitif: ,,Gott.... führte den Heiligen in eine Einöde auf der Insel Reglis und liess ihn mit seinem Stabe einen Kreis auf dem Erdboden ziehen: alsbald that sich an dieser Stelle die Erde zu einer Vertiefung auf.... Patricius liess die Höhle mit einer eisernen Thüre verschliessen". Plus loin Eckleben parle du chevalier Oengus et du monastère Reglis (p. 33: ,,das Kloster Reglis").

[2]) Cf. Carl Horstmann, *o. l.*, p. XXXI.

Dans *U* et *B* nous trouvons:

1) l'anecdote du vieux prieur, qui n'avait plus qu'une dent.
2) le témoignage de Gilbert concernant le moine martyrisé par les diables.

Dans *H* il y a en plus l'anecdote de l'Irlandais qui ne savait pas que tuer son prochain est un péché mortel. De même que Roger de Wendover et John de Tynemouth, le copiste d'*A*, rejette, dirait-on, la partie théorique du *Tractatus de purgatorio sancti Patricii*, mais lui aussi, pour plaire à son public, donne des anecdotes supplémentaires:

1) celle de l'Irlandais,
2) le témoignage de l'évêque Florentien,
3) l'anecdote d'un ermite qui est au courant des faits et gestes d'une bande de diables qui induisent un prêtre en tentation.

Dans cette copie Owein est devenu un membre de la famille d'Etienne: „Contigit autem hiis temporibus nostris, scilicet anno gracie MCLIII, tempore regis Stephani anno regni sui XIX, militem quendam strenuum de domo et familia dicti regis scilicet nomine Owein, de quo presens narracio est, ad episcopum in cujus episcopatu prefatum est purgatorium confessionis gratia venire."

Troisième groupe

A ce groupe appartiennent *R*, les textes qui en sont dérivés et ceux qui auraient pu lui servir d'original. Il est probable que tel copiste a transcrit le texte qu'il avait sous les yeux dans un but qui diffère de celui de tel autre, mais toutes ces rédactions portent la même empreinte de prolixité, qui se manifeste par des périodes oratoires, des amplifications narratives et des développements théologiques, exception faite toutefois de résumés comme la rédaction 12618 de la Bibliothèque nationale[1]).

---

[1]) Nous avons déchiffré ce manuscrit du XIVe siècle, provenant de l'abbaye de Saint Germain-des-Prés (Paris):

Fol. 46, v°., col. 1. Début: „Introitus Purgatorii ostensus a domino sancto Patricio. Predicante sancto Patricio in Hibernia verbum Dei invenit magnam multitudinem virorum et mulierum infidelium et bestialium ita in malo et in peccatis esse obstinatam ut nec verbis nec predicacione nec signis nec miraculis ab errore eos posset revocare...."

Fol. 48, v°., col. 1, Fin: „Ea tamen que in purgatorio viderat exponens in ecclesia scribere fecit que ibidem usque hodie ad perpetuam rei

Dès le début nous constatons dans *R* une addition caractéristique: l'auteur du *Tractatus de purgatorio sancti Patricii*, que nous ne connaissons que par l'initiale de son nom de baptême, devient „frater H. monachorum de Saltereia minimus" et les chanoines réguliers des rédactions *U H A, B* deviennent des „beati patris Augustini canonicos vitam apostolicam sectantes", à qui saint Patrice aurait confié la garde de la fosse merveilleuse. Cet anachronisme évident s'expliquerait peut-être si nous nous rappelons l'inscription suivante que Ward a relevée sur le dernier feuillet de garde du recueil Royal 13 B VIII, qui paraît dater de la fin du XIIe siècle ou du commencement du XIIIe: „liber sancti Augustini extra muros cantuariae". Pour la prolixité de la rédaction nous renvoyons au tableau comparatif des textes latins. Dans les homélies le théologien moralisateur s'en donne à cœur joie; l'une est intercalée après l'épisode du pont, l'autre après le retour d'Owein parmi ses semblables. La première traite de certains péchés particuliers aux moines et des tourments qui attendent les coupables; la seconde, de la félicité des élus. Après celle-ci une phrase transitoire raccorde le récit interrompu à ce qui suit: „Occuramus modo, fratres karissimi, militi nostro redeunti et videamus si forte sine impedimento redierit." Ensuite il continue comme dans *U*, toujours abstraction faite des surcharges rédactionnelles, jusqu'à la fin du témoignage de Gilbert, que le copiste termine par ces mots significatifs: „Huc-usque Gilebertus."

Additions narratives: de même que Gilbert, dont frère H. tient l'histoire, le copiste de *R* a dû rencontrer des sceptiques; aussi les deux interpolations suivantes sont-elles dues au désir de convaincre les incrédules:

1°. Une interview, lontaine ébauche du reportage moderne, de deux abbés irlandais: l'un n'a jamais entendu parler du

me- (col. 2) moriam conservantur. Explicit purgatorium Patricii Hybernie episcopi."

Fol. 47, r°, col. 1. Le nombre des messagers de Dieu est de douze: „Cumque in aula diuoius sedisset cogitans quid futurus esse, ecce .XIIcim. viri qui religiosi in albis vestibus intraverunt et salutantes eum consederunt...."

Nous y avons relevé le passage: „Et quoniam homines a peccatis suis in illa fossa purgatur purgatorium vocatur. Locus vero ubi illa ecclesia fundatur Regalis nominatur."

[1]) Cf. Ward, *o. l.*, pp. 435—452, et Atkinson Jenkins, *o. l.*, pp. 78—95.

[2]) Cf. Ward, *o. l.*, p. 454.

purgatoire de saint Patrice, l'autre certifie que bien des gens y sont entrés qui n'en sont jamais revenus.

2°. Pour plus de sûreté encore, nouvelle interview, et cette fois-ci de l'evêque Florentien, que nous avons déjà rencontré dans *A*. Celui-ci raconte, comme dans *A*, qu'il a connu un ermite, témoin de conciliabules tenus par des diables. Mais ici se présente une divergence; si, dans *A*, Florentien a été mis au courant par cet ermite de la tentation à laquelle a été exposé un saint homme de prêtre, dans *R* le chapelain de l'évêque, qui dit avoir connu cet ermite habitant une chaumière au pied du mont Saint-Brendan, raconte d'abord l'aventure arrivée à ce dernier: des diables ont déposé devant sa porte des provisions de bouche enlevées à un paysan avaricieux. Ensuite le chapelain passe à l'histoire du prêtre qui avait l'habitude de chanter tous les jours au cimetière sept psaumes pour le repos de certains morts. Les diables, jaloux de sa vie exemplaire, se servent d'une belle fille, enfant trouvée et élevée par lui, comme d'un instrument de tentation. Il résiste, mais au prix de quels sacrifices: „Procedens itaque presbiter ad hostium cubi[cu]li, cultrum arripuit, virilia sibimet abscidit, foras proiecit dicens: Quid putastis, demones, quod versutias vestras non intellexerim? De perditione mea vel filie mee non gaudebitis, quia nec me nec illam habitis.... Sacerdos vero virginem quam deo nutrierat, deo servituram in monasterio virginibus commendavit.''

Puis vient l'épilogue, qui se termine comme suit: „Precor et ego peccator humiliter, qui sanctorum exortationes patrum interserens opusculum istud per capitula distincxi, caritatem vestram illud videlicet legentium simul et audientium exorare, quatinus a peccatis omnibus in presenti purgatum a supradictis et si que sunt alie penis extorrem, me una vobiscum post huius mortis horrorem transferat in prefatam beatorum requiem, ihesus christus dux et dominus noster, cuius nomen gloriosum permanet et benedictum in secula seculorum. Amen.''

Arrivé au bout de notre étude sur les manuscrits latins du *Tractatus de purgatorio sancti Patricii*, pour autant qu'ils ont été publiés en leur entier, nous ne nous dissimulons pas qu'il reste encore mainte lacune à combler; nous nous sommes contenté de placer quelques jalons sur une route qui nous a semblé devenir plus longue à mesure que nous nous y sommes engagé.

LES VERSIONS FRANÇAISES

UNE PAGE DU MANUSCRIT DE CAMBRIDGE

Bibl. de l'Univ. Ee. 6. 11.

CHAPITRE I — LES TEXTES FRANÇAIS DU MS. DE L'UNIVERSITÉ DE CAMBRIDGE EE. 6. 11 ET DU MS. LANSDOWNE 383 DU BRITISH MUSEUM

§ 1 — LES MANUSCRITS

Le manuscrit Ee. 6. 11 de la Bibliothèque de l'Université de Cambridge (*C*) a été signalé pour la première fois par Paul Meyer [1]) à propos d'un article de Kölbing [2]); ailleurs [3]) il en a donné la description [4]). Voici quelques détails qu'a bien voulu me fournir M. Francis Jenkinson sur ce manuscrit, qui, outre le *Purgatoire de saint Patrice* (pp. 13—37), contient une *Vie de sainte Marguerite* et un recueil de *Fables de Marie de France*. M. R. James, aujourd'hui proviseur d'Eton, en a pu préciser la provenance grâce aux marques Y.x. Primitivement le manuscrit a dû appartenir à la Cathédrale de Norwich. Les trois parties qui le composent sont d'une écriture différente. Les caractères de la *Vie de sainte Marguerite* et ceux du *Purgatoire de saint Patrice* sont semblables, bien que les deux légendes ne soient pas de la même main; probablement elles ont été réunies en un volume avant qu'on y ajoutât le recueil de *Fables de Marie de France*. L'écriture, d'après P. Meyer [5]), est de la seconde moitié du XIIIe siècle. Les dimensions du parchemin sont de 176 mm. sur 120 mm.

---

[1]) *Romania* VI, p. 154.

[2]) *Zwei mittelengl. Bearbeitungen der Sage von St. Patricks Purgatorium* dans *Engl. Stud.* I, pp. 57—121.

[3]) *Les manuscrits français de Cambridge*, II, pp. 268—270.

[4]) Mlle. Mörner (*Le Purgatoire de saint Patrice par Berol*, Lund, 1917, p. XIX) mentionne ce même manuscrit, qu'elle désigne sous la cote Ee VI. 11, mais M. Francis Jenkinson, bibliothécaire de l'Université de Cambridge, nous a écrit que le chiffre romain n'est qu'un caprice d'un catalogue du XVIIIe siècle. La numération exacte est celle de Paul Meyer: Ee. 6. 11.

[5]) *O. l.*, p. 268.

Donnons quelques particularités sur le manuscrit Lansdowne 383 ff. 1—1*b* du British Museum (*L*). C'est une feuille de garde en parchemin dans un état lamentable et mutilée de telle façon que sur la première page il ne reste que la seconde colonne (41 vers); sur la suivante se trouve la première colonne en entier (42 vers) avec, en plus, les trois ou quatre premiers mots de chacun des vers de la colonne suivante. Cette feuille se trouve dans un Psautier du XIIe siècle, portant sur la deuxième page les noms de trois possesseurs du XVIIe siècle [1]:

1°. William Ablard de Skendleby, 1612.
2°. „Cueillez les fleurs, mais prenez garde aux mauvaises herbes cachées dans ce livre [2]". Charlton.
3°. „Si vous considérez ce livre de la bonne manière vous n'y trouverez pas de mauvaises herbes" et „Apprenez à vivre" [3]. Ces deux épigraphes sont dues à Dorothy Berington, A.D. 1627.

§ 2 — Texte du manuscrit C. [4]

[Prologue] 13a

En honurance Ihesu Crist,
Ke tut le mund furma e fist,
Un aventure voil cunter
Dunt plusurs se porrunt amender
5 Ki cest escrist voudrunt oïr
E en lur quers bien retenir.
Le oïr ne vaut une chastanie,
Ki del retenir ne se penie;
Eynz vaut meuz de tut lesser
10 Ke oïr e tost ublïer.

---

[1] Cf. Ward, *Catalogue of Romances*, vol. II, p. 474.
[2] „Gather of the Flowers but take heed of the weedes yn this booke."
[3] „If you doe rightlie on this looke there are no weeds within this booke," and „[L]earne to liue."
[4] Voici les procédés de transcription: résolution paléographique des abréviations, interprétation des particularités relatives à la séparation ou à la liaison, distinction de *u* et *v*, réalisation des corrections indiquées par le manuscrit même, emploi de majuscules, emploi de l'apostrophe, du tréma et des signes de ponctuation. Toutes les fois qu'il y avait une majuscule ornée dans le manuscrit, nous avons commencé un nouvel alinéa.

---

9 *Ms.* lessyr.

UNE PAGE DU MANUSCRIT *L*

Lansdowne 383 du British Museum

Seignurs, pur ceo le vus ay dist
Ke vus ky orez cest escrist,
Si bien i ad, sil retenez
E, si n'i ad, si l'amendez.
15 Ceo voil a tuz iceus requere
Ki meuz de moy le saverunt faire.
De ceo ne voil jo plus parler,
A mun purpos voil repeirer;
Deu vus doint bon achevement,
20 Ore oyez le comencement.
　　Si cum jo l'ay escrist truvé,
Vus voil dire la verité,
Ne ja de ren n'i mentiray
Sulunc l'escrist ke truvé ay.

[Prédication de s. Patrice]

25 En Yrlande esteit jadys
Un hom ky ert de grant pris;
Sen Patriz esteit sun dreit nun,
Mult ert de grant religiun;
En Deu servir s'entente mist,
30 Ki pur luy meint miracle fist;
Taunt cum il ert en ceste vie,
A muz pur luy dunat aÿe.
En icel tens ceus de la terre
Vers Damnedeu teneyent guere,
35 Kar bien faire ne voleient,
Si repleni de mal esteint.
Seyn Patriz en out grant dolur
Kant il les vist en tel errur;
Einz en le quer se purpensa

13b

40 Ke volenters les eydera.
Mult se pena de sermumier
Pur eus de mal en bien turner,
E les paroles Ihesu Crist
Mult suvent mustra e dist.
45 De cel enfern mult sermuna;
Apertement e bien mustra
Quele joye en ciel iceus averunt
Ke Deu servir se penerunt;
E bien lur mustra quel turment
50 Est aturné a cele gent

---

42 *Ms.* euus.

Ke ci ne volent Deu amer,
Ne li servir, ne honurer.
Par deu veyes vout asaer
S'il les porreit amender:
55 U par la grant joye de ciel,
U par la grant peine mortel.
Mes plein furent de felunnie,
Sun sen turnerent a folie;
Tant furent de mal repleni
60 Ke il ne l'unt de ryen suÿ.
Tute sa predicaciun
Ne luy vaut un butun,
Einz distrent bien li demaleyre
Ke ja de rien li voudrunt creire;
65 Ceo sache il bien certeinement.
Tuz luy distrent comunement,
Pur miracle ne pur sermun
Ne frunt il vailaunt un butun,
S'il ne face akun de lur
70 Veer d'enfer la grant dolur,
Dunt il a eus out tant parlé,
U les pecchurs serunt jeté
Ke ne se volent repentir
Ne lur pecché ici joïr
75 A prestre e par confessiun
De lur pecchez aver pardun;
E lur face tut ensement
Veer la joie ke tant resplent,
Ki est la sus en paraÿs,
80 U Deu mettra tuz ses amis;
Kant par veue saverunt la veire,
Dunc saverunt il meuz concreire;
Pur ceo diunt ke en nule guise
Nel creerunt il sanz tele divise.
85 Quant sein Patriz iceo oÿ,
Mult en fu dolent e marri,
E prea Deu, le poant pere,
Ke il acoille sa preere;
E fud mult en aflictiuns,
90 En juines e en oreissuns,
Ke bon conseil hastivement

Li otriast a cele gent
Deu le veir espiritable,
Ki al lur os fut profitable.
95 Si cum il vint pur Deu preer,
Il s'endormist devant l'auter,
Si li esteit avis en sunge
Ke devant luy tut sanz mensunge
Aparut Deu apertement,
100 Le rey de ciel omnipotent,
E ducement l'aressuna.
Teles paroles dist luy a,
Si li dunat iloc un livere,
Nus hom ne le vus savereit descrire;
105 En romanz est apelé tist,
U les evangelies sunt escrist.
Unkore si en fit il autre dun:
Il luy duna un bel bastun;
Ceus del paÿs le unt bien numé: 14b
110 Le bastun Deu le unt apelé;
Unkore sunt il en Yrlande,
U la merveille en est grande;
Al plus haut sé del paÿs
Unt la gent ces reliques mis,
115 Pur fere entendre en verité
Ke illokes est le plus haut sé
Ke seit en cel regiun,
U croce seit u palliun.
Quant Deu li out cel dun doné,
120 Od sei l'en ad d'iloc mené;
En un desert dreit s'en ala
E une fosse lui mustra
Ke tut esteit obchure e runde;
Tel n'i avoit en tut le munde.
125 Dunc luy ad Deu dist e mustré
Ke cil ke ad fet mortel pecché,
S'il seit veray repentaunt,
A Ihesu Crist merci criant,
E voudra par confessiun
130 De ses pecchez aver pardun,
Ceo luy dist Deu certenement,

____
127 *Ms.* Cil.

Ceo sache il bien verayment:
Ki en tel entente i entera
E tut un jur i demora

135 E la nuit ki s'en verat aprés,
De(s) ses pecchez averat relés
Qu'il ad fet puis ke il fu né;
Trestuz li erent parduné.
E s'il eit ferme creance

140 Bone e pure sanz dutance,
Kant il serat iloc dedenz,
Dunc porat veer le turmenz
U les peccheurs serunt jetez
Pur espenir lur grant pecchez;

145 E ensement rever pura
La duce joye ke fait ha
Damnedeu a ses amis,
Ki sunt la sus en paraÿs.
Kant li Syres out si parlé

150 E tut apertement mustré,
Li Sauvers Ihesu Crist
De cel seint home s'envanist.

   E quant sein Patriz s'eveilla,
Enseignes bones i truva

155 Ke i n'out mot de mensunge
De kanke il out veü en sunge:
Ceo fut le livre oud le bastun
Dunt Deu li aveit fait le dun.
Il en ad mut Deu mercïé;

160 Sachez ke mult en fu liecé
De ceo k'il out oud Deu parlé,
Ki cel conseil li out duné
Dunt il quidat hastivement
Al pople fere amendement,

165 E la gent oster de l'errur
K'il unt tenu desqu'a cel jur.
   En icel lu, sanz demurance,
Une eglise en le honorance
De Damnedeu e de sa mere

170 E del bon apostle seint Pere
Ad sein Patriz illoc fait fere;
Ceo sevent bien cels de la tere.

15a

[Fondation
d'une église
près de la ca-
verne]

    Puys l'ad a sun plesir numé,
    Si l'ad Regles apelé;
175 Chanoynes riulers puys i mist
    En honurance de Ihesu Crist,
    Ke tut dis deivent sanz feintie
    Des apostles tenir la vie.
    Dreit pres de l'est, pres de l'eglise,
180 Est cele fosse grant assise.
    Sein Patriz trestut entur
    Le fit clore de un bon mur;
    Une grant porte fere i fist
    E serure bone i mist:
185 Ceo fist il fere pur la gent,
    Ke nul n'i entrast folement;
    Sanz cungé nul n'i entera.
    La clef al priur il commanda,
    Pur ceo que cil ki vout entrer
190 De ses pecchez se pot purger;
    De icel tens desqu'a cest jur
    L'um l'apele la entur
    Le purgatorie seint Patriz,
    Si cum recuntent les escriz.
195 En icel tens ke cest avint,
    Meint i entra ke puys revint,
    Ki pur les pecchez espeinir
    La peine volt pur suffrir;
    E quant il furent revenu,
200 Si unt bien dist e coneü
    Ki il unt veü apertement
    La grant dolur e le turment,
    U tuz ceus soffrent la penance
    Ki n'unt fet lur penitance;
205 E la joie reveü unt
    De paraÿs, u tuz ceus sunt
    Ke ci unt feit la Deu servise
    Sulum la ley de seint Eglise.
    E sein Patriz ad comandé
210 Ke quanque ceus unt recunté
    Illoc le facint il escrivere,

15b

---

177 *Ms.* feintise — 178 *Ms.* die (Cf. réd, lat., p. 83: *vitam apostolicam*) —
180 *Ms.* En.

Ke l'em le pusse as autres dire.
Kant ceus ke el pays esteyent

16a

Le veir del miracle oeient,
215 A seint Patriz dreit en alerunt
E tuz a luy merci crïerent
De ceo kil nel voudrunt creere
Einz ke de ceo seusent la veire;
Par ceo k'il unt le veir veüz
220 Se sunt il trestuz convertuz;
De lur pecchez se repentirent
E satisfactiun en firent
Si cum il lur ad enseiné
Trestut sulunc sa volenté.

225 Pur ceo ki jo vus ai cunté
De ceo ke, lung tens est passé.
En une terre avint luintenie,
Ke dreit alcuns ke jo me penie
De mentir u de cuntruver,
230 Si mei tendreit a mensunger,
Pur vus oster de cel purpens,
Iceo ke avint n'ad pas lung tens,
Ke vus le meuz me creiez,
Vus diray: ore entendez.

[Le chevalier
Owein]

235 El tens le rey Estevene avint,
Ki guardat Engletere e tint,
Ke dunc esteit un chevaler
Ke mult ert hardi e fier.
En cele terre u il esteit né
240 Par nun esteit Owein apelé.
Mult ert de grant chivalerie,
Mes pecché aveit par folie
Emveer sun creatur mespris,
Par ceo k'il estoit jolifs.
245 Mes a un jur se purpensa
K'il la folie guerpira,
E voudra par confessiun
De sos pecchez aver pardun.
Kant il issi purpensé fu,
250 Par aveture est avenu
A cel esvesque ki maneit

El paÿs u le fosse esteit,
Dunt jo vus cuntay de devaunt   16b
Ke tant esteit parfund e grant,
255 E tut li cunut sa folye,
E pur amur Deu merci luy crie,
Ke il luy doint confessiun,
Kar il fra satisfactiun
Trestut sulunc sa volenté
260 E guerpira tut sun pecché.
E le evesque grant joie en a,
Mes del peché mult le blama
E mult li ad dist e mustré
K'il ad Deu mut curecé,
265 E si luy volt sa penitance
Enjoindre sulunc la fessance.
Kant le chivaler cest oÿ,
A le esvesque tost respundi:
„Pur ceo ke jo ay Deu curucé,
270 Itant cum vus me avez mustré,
La penitance choiseray
E la plus greve enprenderay.
Si vus le volez comander,
Pur amur Deu voudray entrer
275 De sein Patriz la purgatorie,
Ke Dampnedeu, le veir de glorie,
De mes pecchez me doint pardun,
Dunt pris ay ma confessiun.''
L'evesque mult li desloa   [Préliminaires]
280 E la grant peine luy mustra
E le grant dolurs e les maus
E les turmenz e le travaus
Ke il estoyt a ceus suffrir
Ki lainz se voudrunt espeinir.
285 Pur ceo li ad evesque dist
Ke de moynes receyve le abit,
U prenge autre religiun
Par quey il pusse aver pardun
De ses pechez, e leise ester   17a
290 Icele peine a endurer.
Li chivaler luy respundi

____
253 *Ms.* le d.

Ke ceo sache il tre bien de fy,
De ceo ne li chastïereit,
Pur tut le mund il ne lereit
295 Qu'el purgatorie nen estrat,
Quel aventure ke il truvast.

    Quant le evesque ad ceo vu
E sun curage tut su,
Unes lettres luy ad baillé,
300 Si l'ad al priur envoyé
Ki cele fosse ad a guarder,
U les penanz deivent entrer;
E par le lettres luy mandat
Ke celuy ky les porterat
305 S'offre, sanz nule deturbance,
Fere en la fosse sa penance.

    A tant s'en est de iloc alé
E a le evesque ad pris cungé;
Il ad tant erré nuit e jur
310 K'il est venuz desqu'al priur;
Le bref luy baillad ou la cire,
Cil l'at fait briser e lire.
Kant del chivaler sout la veire
E tut l'achesun de sun eyre,
315 Il ad dist ke c'est folye,
Meint home i ad perdu la vie;
Pur ceo luy dist qu'il lesse ester,
K'il ne se mette en l'encumbrer,
Mes il ne vout sun conseil crere
320 Ne nient pur luy lesser sun eire.

    E kant le priur ceo entent,
Par le meyn destre tost le prent,
Od sey le menat el muster,
U quince jurz dust sujurner
325 Pur fere a Deu ses oreisuns
En juines e en afflictiuns;
Kar cel ert la custume a tuz
Ki pur cele chose i sunt venuz.
Kant tut le terme fu passé,
330 Dreit a la fosse l'ad mené
Le priur a processiun

____
295 *Ms.* Del p. — 313 *Ms.* la verité.

Od les seigniurs de la mesun;
Mult luy unt tuz descunseillé,
Mes n'ad pas pur eus lessé;
335 La porte ly unt fait uverir
Encuntre ceo qu'il dust venir.
Kant il dust preindre cungé,
Le priur l'ad aresuné:
„Frere, fait il, vus enterez
340 En la fosse ke vus veyez.
Quant vus serez un poy alé,
Tut averez perdu la clarté,
Mes vus truverez la veye grant,
Si en irez tut dreit avant.
345 Et tant siverez le grant chemin
Ki est desuz el suzterin,
Ke vus en un champ enterez
U poy de clarté truverez;
Asez i verrez nepurquant,
350 Kar clarté y ad autretant
Cum en iver avum ici
Quant le soleil est recunsi;
E kant el champ venu serez,
Une grant sale i truverez,
355 Si enterez demeintenant
E laenz serez atendant
Les messagers ke leinz vendrunt;
De par Deu vus dirunt
En quele manere e quele guise
360 Devez parfurnir vostre enprise.

18a

Cels le nus unt issi cunté
Ke devant vus i sunt alé.
Quant il li out tut cest mustré,
Le chevaler ad pris cungé.
365   Quant alad e enz se mist,
Sis comandat a Ihesu Crist;
E cels se sunt tuz returné,
Si unt la porte refermé.
Le chivaler de aler se avance,

[Première éta-
pe du voyage]

370 En Deu ad mis sa fiance;
Tant ad sun dreit chemin tenu

362 *Ms.* issi sunt ale — 365 *l.* avant (?).

Que dequ'al champ en est venu
E la grant sale i ad truvé,
Cum le priur luy aveyt cunté.
375 Ele ert mult haute e lung e lee.
Mes ne esteit pas issi uvere[e]
Cum les nos sunt e en itele guise,
Kar sur pilers ert tute asise,
Nule pareys ert fermé,
380 A merveille l'ad esgardé.
   Quant il out aukes demuré,
Iloc de hors si est entré
En la grant sale hastivement.
N'i out pas esté lungement
385 K'il ne vist entrer en la mesun
Quince homes de religiun;
Tuz furent res e haut tunduz
E de blans dras erent vestuz.
Il le salurent bonement,
390 Le chevaler graces lur rent;
Il se sunt trestuz asis,
Le plus haut de eus, ceo luy ert avis,
Mult ducement l'aresuna,
Nul des autres mot ne suna.
395 „Beneit", fait il, seit Ihesu Crist,
Ki en cest bon purpos vus mist!
Il le vus doint a bon chef treire
Pur ki l'avez enpris a fere;
Mes de une rien garnir vus voil,
400 Si cum les autres faire soil:
Ke vus ayez ferme creance,
Estable e bone sanz dutance,
U si nun, de veirs sachez,
Ke cors e alme perirez;
405 Kar quant nus serum departiz,
Verez de mavés esperiz
Ceste grant sale tute pleine,
Ke vus voudrunt fere grant peine
E par asaer vus dirunt
410 Ke sein e sauf vus menerunt
Hors de la porte par unt entrastis
En la fosse par unt alastes.

Plusurs asais vus voudrunt fere
Pur vostre curage retraire,
415 Si assaerunt en meinte manere,
Par manace e par preere,
Plus ke ne puis ore cunter,
Kar jeo ne puis pas demurer.
Sur tutes choses vus gardez
420 Ke vus de rien ne consentez,
Ne ke ne facét lur voleir,
U si nun, sachez de veir,
Ke vus ja mes n'everez repos,
Einz vus prendrunt en char e en os,
425 E alme e cors perdu serez,
Kar a debles tut vyf irez;
E si en Deu aiez espeyr,
E nien ne facét lur voleir,
Einz aiez en Deu esperance,
430 Ne vus estoit aver dutance,
Kar, si vus mettent en turment,
Reclamez Deu omnipotent,
De Ihesu numez le nun,
Ki vus durat salvaciun,
435 Kar, quant averez numé e dist
Le nun Ihesu de quer parfit,
Ceo sachez bien veraiment,
Deliveré serez del turment;
N'en dutez pas, bien le sachez,
440 Ke vus nul mal ne senterez,
E si isi le facez
Cum vus ici oÿ avez,
De vos pechez averez relés,
E puis si verez en aprés
445 Les grant peines e le dolurs
U turmentez sunt les pecheurs
E la joie de paraÿs,
U Deu mettra ses amis."
       Quant il li out tut ceste mustré,
450 Il n'i ad pas plus demuré,
Mes il e tuz si compaingun,
Li unt duné lur beneiçun,
Si s'en issi hastivement

E tuz les autres ensement.
455 Le chivaler tut sul esteit,
En Ihesu Crist fiance aveit,
Mult par ert sage e remembré,
Des armes Deu esteit armé:
Ceo fu de fei e de creance,
460 Si out en Deu bone esperance.
Le enseinie de la croiz veraye
Sur sei ad mis, k'il ne s'emaie;
E aprés ceo seürement
De diables la batalie entent.
465   Cum il ert sis sul lungement,
Crïer e braire oÿ fortment;
Le chevaler sist escutant,
La noyse esteit orible e grant.

19b
Si tut le mund deust trebucher
470 E ciel e tere deust asembler,
Greinur noyse pas ne freit,
Ceo luy ert vis, ke dunke esteit.
Le cri esteit si merveilus
E si orible e si hidus,
475 Ke tut sun sen perdu en eust,
Si Dampnedeu nel sucurust;
Mes suvent recordat e dist
Ceo ke li seinz home li aprist;
Par ceo fu mult reconforté,
480 Ke il li out avant mustré
Tut ceo que avenir li deveit,
Mult le plus seur pur ceo esteit;
Par ceo retint il sa memorie,
E par la vertu Deu de glorie
485 A Ihesu Crist cria merci,
E seurement puis atendi.
    Avant ke cele noyse esteit finie,
Des diables une companie,
Ke mult esteit orible e grant,
490 Einz en la sale vit entrant.
Le chevaler mult se fie
En Ihesu Crist, le fiz Marie.
Quant il furent tuz entré,

____

465 forement — 476 *Ms.* sucurest.

Le chivaler unt tut sul truvé.
495 Il le vunt tuz mult escarnisant
E par echar li [v]unt disant:
„Les autres que servi nus unt
Aprés lur mort venuz nus sunt;
Pur ceo vus deivum mut amer
500 E le meuz reguerduner;
Unble guerdun nus vus devum rendre
Ke vus ne voillez mie entendre
Le terme ke duissént murir,
E puis aprés a nus venir.
505 Mes pas entendre ne vousistes,
En char e en os a nus venistes;
A nus vus estes vyf liveré
E cors e alme avez duné.
Greignur guerdun en receverez,
510 Kar ver nus deservis avez,
E pur vos pechez espeinir,
Venistes ça peine sufrir.
Vostre desyr ici truverez,
Dolur e peine od nus averez.
515 E nepurquant, si vus volez,
Pur ceo ke servi nus avez,
E ke nus trestuz vus avum,
Hors de la porte vus meterum
Tut sein e sauf, par unt venistes
520 Quant vus del priur departistes,
Ke vus unkore ne murrez,
Ne la joie del mund perderez."
Cestes paroles pur ceo diseient,
Kar il enginier le voleient,
525 Ke par blandir e par poür
Le pusint mettre en errur.
Mes il ne le porreient flegir
Ne pur poür, ne pur blandir,
Kar il esteit de quer parfit,
530 Si teneyt tut en depyt;
Par blandir ne par manacer
Ne porreynt pas sun quer turner.
Les diables unt aparceu

Ke del chivaler sunt deceu,
535 Kar en depyt trestut teneyt
Ke des debles oÿ aveyt,
Kar il de rien ne consenti;
Sachez ke mult en sunt marri.

[L'épreuve]
Dunke firent il demeintenant
540 En la mesun un fu mult grant;
E piez e poinz dunc luy lïerent,
Einz en le fu puis le geterent,
20b
E par le fu le traïnerent,
De crocs de fer le blescerent.
545 Quant il entra primerement
El fu, si senti gref turment;
Mes il de rien ne se ublia,
Le nun Ihesu Crist dunc reclama.
E quant il out le nun Ihesu
550 Numé e dist, trestut le fu
Issi esteint demeintenant,
Ne truvisez petyt ne grant.
　　Quant le chivaler out ceo veu,
Assez le plus hardi en feu,
555 En sun quer le purpensa
K'il nient plus lur dutera,
Kar ore set il bien verayement
Veintre les pot legerement :
Par le nun Ihesu reclamer
560 Les porra trestuz esquasser.

[Premier tour-
ment]
　　Les debles dunc s'en alerent,
Le chevaler od eus menerent;
Mult se penerent dunc de brayre,
De crïer e de noyse fere.
565 Kant de la sale s'en isirent,
Les uns des autres departirent;

Ms. L. 537 pur rens nes consentist — 538 Sacez.... marit — 539 Dunc —
540 En la sale — 541 le lierent — 542 Enz el fu le geterent — 544 mult le
blescerent — 546 et 547 *en partie illisibles* — 547 Meis — 548 Jesu — 549 le
nun numé; *entre les vers 549 et 550*: Del fu fud il tost deliveré Kar quant il
out le nun Jesu — 550 dit — 552 trouverez petit — 553 li chevaler out ço
vou — 554 Aseez hardi de plus en fu — 555 E en sun cuer se purpensa — 556
nent p. nes dutera — 557 seit bien verraiment — 558 poit — 560 purra il
t. quasser — 561 Les diables d. tuz s'en alerent — 562 si menerent — 563
tuz de braire — 564 noise feire — 565 Quant de la s. s'en isserent.

Les uns le chevaler menerent
E ovec eus le traÿnerent
En une estrange regyun;
570 N'i aveyt borde ne mesun.
La terre [ert] neyre e obscure,
E mult i aveyt grant freydure
D'un vent ke si petyt esteyt
K'il a grant peine le oeyt,
575 Mes il li sembla nepurquant
Le cors luy ala perzant.
Le chevaler out mult grant freyt,
Mes ryen fors diables ne i veyt,
Ke mult li firent grant turment   21a
580 E sil menerent lungement;
Desqu'a cel liu l'unt dreyt mené
U nest le soleil en esté.
Kant iloc venu sunt,
La li ert vis la fin del mund;
585 A destre dunc trestuz turnerent,
Le chevaler od eus menerent;
Dreit alerent vers le su
Par mi un val ke mut lé fu,
Desqu'a cel liu u poëz ver
590 Le soleil nestre en mi iver.
E quant le chivaler aproza
A cel liu, dunkes escuta;
Pleintes i oÿ e dolurs,
Crïer e braire e mult grant plurs;
595 E tant cum il plus aproça
De tant meuz oÿ les a.
    Tant l'unt diables traÿné
Ke en un champ l'unt dreit mené;

---

570 *Ms.* borge — 581 *Ms.* sunt.

Ms. L 568 E ock eus — 570 N'i aveit bordel ne meisun — 571 ert neire e os-
cure — 572 out — 573 ki — 575 lui — 576 perceant; *les vers correspondant
aux vers 577, 578 manquent dans L* — 579 le — 580 lugement — 581 Tresqe
cel liu l'unt mené — 583 Quant ilokes venuz sunt — 584 La lui est — 585 trestut — 586 odk eus — 587 E dreit — 588 Tresqe u poez veir le liu — 589 Le
soleil nestre en yver — 590 E si se hasterent del aler — 591 Quant li cheva-
lers aproça — 592 si escuta — 593 oïd — 594 e granz plurs — 595 De tant
plus cum il i aproça — 596 le meuz — 597 les diables — 598 K'en u.c. l'unt
mené.

Il l'esguarda trestut entur,
600 Mes il ne pout pur la graundur
La fin veer ne la laür;
En tut le mund n'en eut greniur.
Le champ esteit tut repleni
Des homes e de femmes autresi,
605 Tuz ventrez turnez ver la terre,
Ne se poreient retraire,
Kar il furent tuz clousfichez
Par les meins e par les pez;
A tere jurent estenduz
610 A grant dolur, si erent nuz.
A la fie, luy ert vis,
Tere mangerent le chetifs
Pur la dolur e pur la peine,
Ke nuyt e jur fu certenie;
615 A la fie pur le turment
Crïerent dolerusement:
„Merci, merci de nus aiez,
Vus ki en peine nus tenez;"
Mes la n'i aveit nul pur veir
620 Ke vousist de eus merci aveir,
Kar les diables sur eus curerent,
Ke sanz repos les turmenterent.
Al chevaler unt dunc mustré
Les debles que la l'unt mené:
625 „En cels turmenz jeté serez
Si nostre conseil ne creiez;
Ke vus lessez ceste eire ester
E ke vus voillez returner,
E nus vus volum remener
630 Tut sein e sauf sanz desturber;"
Mes il ne vout pas consentir,
Ne fere rien de lur plesir.

21b

Ms. L 599 Il esgarda — 600 Meis ne pout p. la grantdur — 602 n'i
out nul greniur — 603 Li champ — 604 D'ummes, de femmes autersi —
605 Luur ventres turné vers la tere, — 606 Si ne se poeient pas — 607 il esteint de clous fichez — 608 E par les mains e par les piez — 609 A [t]ere
furent — 610 muz — 611 A la feiz, si — 612 li chaitifs — 614 luur fud pro-
ceine — 615 A la feiz — 616 mult — 617 aeiz — 618 metez — 619 Meis la
n'i out un.

Dunc unt il pris le chevaler,
Si li volent clouficher;
635 Mes il ne s'est pas ublié,
Le nun Ihesu ad reclamé;
Dunc unt il perdu lur poër
De fere luy nul mal aver.
I s'en partirent a itant,
640 Le chevaler vunt menant.
Tant unt le dreit chimin alé
Ke tut le champ unt traversé
Dequ'en un autre venu sunt,
U meliurs dolurs truvé unt.
645 Des homes e femmes plein le virent
Ke maus e peines i suffrirent;
Clousfichez a tere jurent,
Mes nient si cum les autres furent.
Les dos de ceus vers tere sunt
650 E des autres turné amunt.
Le chivaler sur les uns
Vit sér ardanz dragunts;
Les uns des denz les depecerent
E les autres tuz les mangerent.
655 Il reveit serpenz ardanz
Aviruner les braz a esquanz,
U tut le cors, u sul le cous,
Ke lur firent peines e dols;
Kar lur peitrins perecerent
660 E lur testes einz i buterent;
En lur buches lur quers parneient
E si grant peine lur feseient
Ke nul de nus porreit escrivere,
Ne quer penser, ne buche dire.
665 E sur les uns crapouz seeient
Ardanz e neirs, e grant esteint;
Mult turmenter[ent] les cheiftifs,
Kar sur lur piz erent asis;
Char e quir vunt devurant,
670 De lur quers traire funt semblant,
Kar einz es piz le testes mistrent,
Lur denz aguz as quers asistrent.

[Deuxième
tourment]

22a

___
661 *Ms.* parveient.

Suz ciel n'ad clerc si sage
Ne ki eit si sutil corage
675 Ke la grant peine vus pot dire,
Ne la dolur, ne la martire
Ke les crapouz a ces feseint
Kant il lur quers a denz teneint.
E ceus ki en la dolur erent
680 De crïer unkes ne cesserent;
E surketut mals lur feseient
Les debles ke entre eus esteint,
Ke del lur cros les demaglerent,
Char e nerfs lur depecerent.
685 Les debles dunc mustré luy unt
Ke en tel turmenz le jeterunt
E la le frunt si pener
S'il ne voillie tresturner;
Mes il lur ad trestuz denié,
690 E il l'unt dunc pris e lÿé,
En turmenz mettre le voleient,
Mes nule force n'en aveient,
Kar lur poër ourent perdu
Quant il numa le nun Ihesu.
695   Quant il ourent tut cest passé,
Desqu'al terz champ l'unt dreit mené,
U dol e mal greinniur esteit
K'il devant veü ne aveit.
Homes e femmes i truverent
700 Ke mult grant dol entre els menerent;
A tere jurent estenduz,
Cum les autres furent nuz;
Mes i furent plus mals mené
Ke nuls des autres n'unt esté,
705 Kar de la teste desqu'al piez
Furent il trestuz clousfichez.
Sur tut lur cors liu n'aveit
U cloufiché ardant ne esteit;
En tut le mund n'ad aguillette,
710 Ja ne seit ele si greslette,
Ke surmettre le puissez
Si akun clou ne tuchisez:

710 **Ms.** grewette.

E cels ki en la dolur erent
A haute voyz pas ne crïerent;
715 La peine esteit si merveilluse
E tant fu grant e tant hiduse
Ke pas poreient en haut breire,
Si cum les autres poreient faire;
A basse voyz si pleneient
720 Cum cels ke en grant peine estei[en]t,
Kant il deveient la mort suffrir
E l'alme estot del cors partir.
Peine mult grant lur feseit
U vent ki fu bruillant esteit,
725 E les debles ke entre eus erent,
Ke de lur crocs les demaglerent.
Le chevaler unt manacé
K'il autresi sera peiné
Cum icels sunt sanz demurer,
730 Si il ne voille returner;
Mes il ne voleit de rien creere,
Ne pas pur eus lesser sun eyre.
De turmenter le funt semblant;
Le nun Ihesu fu reclamant
735 Le chevaler, ke mult se fie,
En Ihesu Crist, le fiz Marie;
E aprés ceo hastivement
Fu delivre del turment.

   A tant d'iloc s'en sunt alé,
740 Le chevaler en unt mené.
Tant unt le dreyt chemin tenu
Ke dequ'al quart champ sunt venu.
Homes e femmes y virent
Ke mals e peines i suffrirent;
745 Le champ de fu tut pleine esteit,
Quanque il ateint tut ebraseit,
E si esteient la dedenz
Tutes maneres de turmenz
U luy pecheurs sunt turmenté
750 Ke isci unt fet mortel peché
E n'unt pas fete lur penance;
Iloc suffrent lur penitance.

23a

[Quatrième
tourment]

____
730 *Ms.* sil

Les uns i pendent par le piez
Par les cheynes enbrasez,
755 Les uns par meyns u par chevous,
Les uns par braz u par le cous;
En soffre ardant les uns sunt mis
Les piez amunt, aval le vis;
Les uns par crocs en fu pendeient
760 K'en divers liuz fichez esteient,
Kar les uns pendent illoc einz
Par le lévers u par le denz;
Par oylz, par nerfs u par narilles,
Par meyns, par braz u par orelles,
765 Par pié, par quise u par la jambe
Pendent le chetifs en la flamme,
U par le piez, u par le dos,
Ke nuyt ne jur nen unt repos.
Enz esteit les esquanz
770 En furneyses de suffre ardanz:
Sur gridils sunt les uns rosti,
Les autres espeié par mi;
Debles el fu les uns turnerent,
De peiz les autres degutterent,
775 E de plum chaud, u de metal,
Ke lur feseit peine e mal;
E les debles ky entre els esteient,
De la lur parz les turmenteient;
Il sunt peyné en meinte guise,
780 Ne ne vus say faire devise;
Suz ciel n'ad home ke savereyt
Turment penser ke la ne seyt;
Pur ceo ne vus puis pas cunter
Tuz les turmenz, ne deviser.
785 Le chevaler i reveeit
Homes mult k'yl bien cuniseit,
Ki furent de sa cunisance
E la suffrirent lur penance.
Nuls home dire vus poreyt
790 Le weymenter ke la esteit,
Ne la grant peine, ne le cri
Ke le chevaler la oÿ

_____
776 *Ms.* Le lur.

De ceus ke tant sunt turmenté
Pur le malfet de lur peché.
795 Les debles dunc mustré luy unt
K'il ert peyné cum cels sunt.
Kant il le voleint turmenter,
Ihesu cumence a reclamer;
Tut le turment est echapé
800 Tantost cum il out reclamé.

   Quant il d'ilokes departirent,
Une roe devant els virent
Ke mult fu grant e haut e lee;
De fu esteit tut enbrasee,
805 Si fu pleine de tutes parz
De crocs enbrasé e de darz
Ke tut entur fichez esteient
E sur chescun homes pedeyent;
L'une meité en l'eyr esteit
810 E l'autre en tere aval cureit;
Neyre flamme de suffre ardant
Hors de la tere vint surdant,
Tute la roe enviruna,
Ceus ke pendirent turmenta.
815 Les debles vunt dunc manaszant
Le chevaler, si vund disant:
„Ansi cum cels peiné serez
Si vus returner ne volez,
Mes primes verez nepurquant
820 La grant peine ki vunt suffrant."
De ambes parz dunc debles curerent,
Entre le rays le crocs ficherent
De la roe, ke tant ert grant;
E si l'alerent turneant
825 Par tele force e par tel poeir
Ke ceus ke furent sus en l'eyr,
Ne poeit pas le chevaler
Les uns des autres deviser,
Kar tut pur veir luy vis esteit
830 Pur le ignelesce ke ele aveyt
Ke sur la roe, que fu grant,
Un cercle enter de fu ardant
Trestut entur esteit asis;

24a

[Cinquième
tourment]

24b

Si tost turna, ceo luy ert vis.
835 Sur la roe dunc li geterent
En l'eir turnant sus le leverent;
Mes il de rien ne se ublia,
Le nun Ihesu dunc reclama;
Kant il l'out dist hastivement,
840 Sanz mal aver aval descent.

Les debles sunt dunc d'iloc departi;
.... a mult grant noyse e grant cri
Le chevaler vunt traïnant
Vers une sale ke esteit mult grant
845 E fu mult haute, lunge e lee,
Si en issi mult grant fumé.
Kant le chevaler aproça,
Pur la chalur k'il y a
Mult se duta d'aler avant,
850 Kar la chalur i ert mult grant.
Dunc dïent il al chevaler:
„Pur quey targez de avant aler?
En la sale ke vus veez
Est vostre bayn tut aprestez;
855 Lequel ke vus voillez u nun,
Od nus vendrez en la meysun,
E la einz od autres bainerez
Pur espeiner voz grant pechez.
Avant menerent le chevaler;
860 Voille u nun, le estot aler.
Quant un poy esteit avant,
En la mesun oÿ criant
Homes e femmes ensement
Ke la einz esteit en turment.
865 Quant en la sale fu entré,
Greinur dolur i ad truvé
E maiure peine, vis li fu.
K'il avant n'aveit vëu,
Kar l'eire e tut le pavement,
870 Sulunc le cunte, ke ne ment,
Ert plein de fosses tutes rundes
E si esteient mult parfundes;
Si pres checune autre esteit,

[Sixième tour-
ment]

25a

____

835 *Ms.* getirent — 842 *Ms. le premier mot est illisible.*

N'i ad home el mund ki poreit
875 Iloc aler en nule guyse,
Ne faire entre eus la devise.
Els fosses erent mut genz
Ke mult suffrirent gres turmenz
E grans dolurs e greve peines,
880 Kar els erent tutes pleinnes
De plusurs metals ke bulirent,
Ki a pecheurs grant peines firent,
Ke nuit e jur iloc einz erent
E dols e mals i endurerent.
885 Tuz cels ke cele dolur urent
En une guise pas n'i fureut:
Les uns i furent einz plungez,
Des autres nient for sul les piez,
Les uns i furent dequ'al genuz
890 E plusurs utre les oylz,
Les uns i furent par les reins
E des autres nient for le meins;
Les uns bullirent par le piz
E les autres par les surciz;
895 Checun home sulunc sa fesance
Peine i aveit u aliance;
A haute voyz tuz se pleneint
Pur la dolur u il esteint.
Les debles l'unt dunc manacé,
900 Le chevaler, k'il ert bainé
Od ceus ke cele dolur menerent,
Ki en ces foses se bainerent.
Dunc li pristrent demetenaunt;
En une fosse ke ert grant
905 Le voudrunt mettre pur pener,
Mes il cumence a reclamer
Le nun Ihesu, le tut poant,
E de cel ure vunt perdant
Tute lur force e lur vertu,
910 Kant out numé le nun Ihesu.
    Hors de la sale atant partirent
Le debles, ke grant noise firent;
Le chevaler od eus menerent;

25b

[Septième tour-
ment]

La dreit veie tant alerent
915 K'il sunt venu desqu'a un munt,
N'i oud si grant en tut le mund;
Tant i veit le chevaler
Homes e femmes nuz ester
Ke poi vers eus vis li estoit
920 Tuz ceus ke avant veu aveit.
Il ourent tuz poür si grant
Cum il fusent mort attendant;
Tut nuz esturent vers le nort
Sanz aver joie u nul confort.
925 Le chevaler les eguarda,
Estrangement se emerveila
Pur quei cele pople atendeit.
L'un des debles luy diseyt:
„Mult vus semble merveile grant
930 Ke cele gent vunt attendant,
Ke cel poür aver veiez;
Avant grant tens le saverez."
A peine out finie sa resun
K'il ne veeit un esturbilun
935 De vent venir [de] vers le nort,
Ke mult par ert grant e fort;
Le chevaler ad sus levé
E les debles ki l'unt mené,
E tut le pople, ke ert grant,
940 Ke sur le munt fu en estant,
Si porta tuz en l'eyr amunt
De autre part desuz le munt.
Tuz les jeta sanz nule atente
En une ewe ke fu pulente
945 E tant ert freide e redde e neire
Ke nuls ne pot dire veire
De la grant ewe la freidur
Ke les turmenta a grant dolur.
La raddur e la pulentie
950 Lur fist mener mult male vie;
E kant par force tant feseient
Ke aval de l' ewe amunt veneient,
Le debles ke desuz cureient

____
944 Ms. le fu.

De lur grant crocs k'il teneient
955 Arere en l'ewe les plungeient
A grant dolur les turmenteient.
Le chevaler se purpensa,
A Ihesu Crist merci cria;
En li ad mise sa fiance
960 E il l'aia sanz demurance;
Kar quant il out sun nun numé,
Del turment fu tost eschapé;
En l'autre rive se turna
A Dampnedeu le mercia.

965   Unkore ne sunt les debles pas
Del chevaler enginer las;
Uncore volent asaer
Sil puissent enginier.
Dunc sunt il tost a luy venuz
970 Si l' unt tut dreit mené vers le suth.
Quant il unt un poy erré,
Le chevaler ad eguardé:
Une mult grant flamme veit
Ke mult puante e neire esteit;
975 Ansi pueit, ceo li ert vis,
Cum soffre ardant i fut espris;
Hors de une fose grant surdeit,
Homes e femmes sus jeteit
Ke del chaud feu tut ardant erent;
980 Cum estenceles sus volerent
Hors de la flamme en l'eyr, criant
Pur le turment, que tant ert grant.
E quant la flame aprés asist,
Ki hors de puz parfund le mist,
985 Il sunt arere rechaüz
En fu ardant, si erent nuz.
E cel turment tut dys suffrirent,
K' il esturent sus e puis chaïrent.
Kant desqu'al puz venu esteient,
990 Les debles dunkes li diseient:
„Cest puz ardant ke ci veez,
D'enfern l'entré est apelez;
Ici est nostre mansiun
E ici meint mal feisun.

[Huitième
tourment]

26b

995 U nus tut dis sumus manant
El funz del puz, en fu ardant.
Cest est l'ostel e la meisun
U maese vie demenum.
Isci oud nus sanz fin serez
1000 Pur ceo ke servi nus avez,
Kar tuz ceus ke servi nus unt
Od nus ici sanz fin meindrunt.
E si une fez seez entré,
Ceo sachez bien, en verité,
1005 Ke vus ja mes ne isterez,
Kar alme e cors perdu serez.
E si vus volez nepurquant
Nostre conseil estre creiant,
Arere returner poëz
1010 Ke de nus nul mal sufrez."
Le chevaler, ke mult se fie
En Ihesu Crist, le fiz Marie,
Trestut lur conseil despiseit,
Ne de rien crere les voleit.
27a 1015 Dunc unt il pris le chevaler,
Quant il ne voleit returner;
El puz ardant le trebucherent
E ovec eus le traïnnerent;
E tant cum il plus avala
1020 De tant le plus chaut tut truva,
E greniur peine il suffri
De tant cum il plus decendi,
Kar la dolur si grant esteit
E le turment k'i senteit,
1025 Ke a grant peine li pot membrer
Le nun Ihesu a reclamer.
Mes par la vertu Ihesu Crist
A la parfin numa e dist
De quer veraie le nun Ihesu,
1030 Par ki le mund sauvé fu,
E Ihesu Crist sanz demurance
Al chevaler fist alegance
De la grant peine e del turment,
Ka la grant flamme hastivement

<hr>

Ms. 997 et 998 sont placés après 1020 — 1020 Ms. tu.

1035 Od les autres sus le porta,
Si ke rien ne l'adessa.
Delez le puz dunc s'asist,
Sil merciat a Ihesu Crist;
Il ad le puz mult eguardé,
1040 Tut sul i ad un poy esté
Qu'il ne sout que part aler,
Ne quel chimin, ne quel senter.
Quant il out aukes demuré
E cel turment mult egardé,
1045 Hors de cel puz venir veeit
Debles qu'il pas ne cuniseit,
Ne les aveit pas encés veu
Dequ'a li sunt tut dreit venu.
.,Tut sul, funt il, ici esteez,
1050 Mes pas de nus eschaperez
Si cum des autres avét fet
Ki ça vus unt mené e tret.
Il vus distrent ke ceo ert enfer,
Le puz ke veeiz ci ester;
1055 De ceo vus furent il mentant,
Mençunges falses contruvant.
Teles custumes entre nus avum
Ke nule feiz veir ne dirum;
Einz nus peinum de contruver
1060 Pur vus e autres enginier,
Kar cels ke par veir ne poüm,
Par mençunges les decevum.
La verité vus est mustré
Ke ceo n'est pas d'enfer le entré;
1065 Od nus vendrez, ceo ert la fin,
Si vus merrum le dreit chimin.
Desqu'a enfer od nus irez
E la od nus sanz fin serez."
Le chevaler vunt amenant
1070 Od mult leid cri e noyse grant;
Il crïerent mult leidement,
Sil menerent lungement.
Tant unt le dreit chimin tenu
Ke dekes a une fluvie sunt venu

27

[Neuvième tourment]

_____
1052 *Ms.* trer.

1075 Ke mult fu leide, lee e grant,
  Sur tute choses ert puant;
  Tut plein de debles l'ad veü
  E de une flamme cuvert fu;
  De soffre ardant la flamme esteit,
1080 Del funz del fluvie sus veneit;
  Mut par esteit bleue e pulente.
  Le chevaler ad mis s'entente
  En Ihesu Crist, le fiz Marie,
  Ke nule feiz les sens ublie.
1085 Le chevaler revist un punt
  Utre le fluvie, ke ert parfund.
  Les debles l'unt fet arester
  Si diunt dunc al chevaler:
  „Desuz ceste fluvie ke veeiz,
1090 Est enfer, de veir le sachez;
  E vus estuvera trespasser
  Cel punt, ke veez la ester,
  Utre cel fluvie, ke est pulent.
  E nus vus muverrum grant turment,
1095 Nus vus ferum commuvant
  Esturbiluns e vent si grant,
  Ke vus ne porez sustenir;
  Del punt vus estuvera chaïr
  Aval el fluvie k'est desuz,
1100 E quant vus serez la venuz,
  Nos compainuns ke la sunt
  Deckes enfer vus plungerunt.
  Mes primes vus voudrum mustrer
  Cum perillius est a passer
1105 Le punt, ke tant est haut e grant,
  Einz ke augét de nus avant."
  Al pié del punt l'unt dreit mené;
  Le chevaler ad eguardé;
  Treis choses i vit mult yduses,
1110 Espuntables e mervelluses,
  Ke mult firent a reduter
  A cels ke le punt dussent passer:
  De grant haltur esteit le punt,
  Le ewe, desuz, lee e parfund;

____
1080 *Ms.* Del funz del flamme.

1115 L'autre peine ert asez greinur,
     K'il fu trenchant cum un rasur;
     La terce peine, ki i a,
     Les deus primeres surmunta,
     Kar, tut fust il haut e trenchant,
1120 Il par esteit si escrillant
     Ke, tut fust il large e lee,
     Nul i pout ficher le pié.
     Les debles dunc dist li unt:
     „Vus estuvera passer cest punt;
1125 Mes si unkore vus voillez crere
     E lesser ester cest eire,
     Vus poriez bien returner
     E tut cest turment eschaper."
     Le chevaler se est purpensé
1130 Cum Deu l'ad suvent deliveré
     De peines e de grant dolurs;
     A Dampnedeu requist sucurs,
     Ne volt pas crere, avant se mist,
     Si se fiat en Ihesu Christ,
1135 En memorie tutdis le aveit.
     Kant sur le punt venu esteit,
     A Ihesu Crist merci cria
     E pas pur pas avant ala;
     Quer out veray, entente pure,
1140 Il ne senti nule escrillure;
     Avant ala tut sanz poür,
     Ne senti peine ne dolur;
     E tant cum il ert plus alé
     De tant truva le punt plus lee;
1145 Aprés gueres ne demora
     Ke tant de laür i truva
     Ke deus chares i purent aler
     E sur le punt sei encuntrer.
     Les debles ke la mené l'urent,
1150 Al pié del punt en pes esturent;
     Il ne poreient avant aler,
     La esturent pur esguarder
     Lequel de deus il deveit fere:
     Le punt passer, u sei retraire.

____
1117 *Ms.* li i a.

29a

1155 Mes quant le debles unt veü
     K'il unt le chevaler perdu,
     Le plus del punt ert tut passé,
     Sanz mal aver est eschapé,
     Dolent en furent e marri,
1160 Si leverunt un mult grant cri,
     Ke si orible e leid esteit
     Ke al chevaler plus mal feseit
     Ke quanque il out suffert devant,
     Tant ert la noyse orible e grant.
1165 Les debles ke desuz eus erent,
     Al chevaler lur crocs jeterent,
     Mes il ne l'unt nient adesé,
     Sanz mal sentir utre est passé.
     Le chevaler pas ne se ublie:
1170 A Dampnedeu mult le mercie,
     Kar ore set il bien certeinement
     K'il ert deliveré del turment;
     Il ad le punt trestut passé;
     A Ihesu Crist l'ad mercïé.
1175   Quant le chevaler passé fu
     Trestut le punt, si fu venu
     De l'autre part al chef del punt,
     Les debles grant dol en funt,
     Kar il ne porent aprocher,
1180 Ne avant de pié del punt aler,
     U le chevaler les lessa
     Kant sur le punt primes munta.
     Dunc sout il bien verayment
     K'il fust delivre del turment.
1185 A Ihesu Christ le mercia,
     Ke tut le mund reinst e salva.

[Le paradis
terrestre]

     D'iloc s'en parti a itant,
     Si s'en ala dreit avant.
     Kant il fust aukes enluiné,
1190 Il ad devant li esguardé;
     Un mur de grant beauté veeit
     Ke lung e fort e haut esteit.

29b

     Entur le mur n'i aveit entré
     Fors une porte, ky ert fermé;
1195 Avis esteit al chevaler

Ke en tut le mund n'aveit pier;
Tant esteit richement uvré,
D'or e de peres aürné,
Ke nul ne le poreit descrivere.
1200 Ne la beauté cunter ne dire.
Kant il aukes i proça,
Vers la porte dreit esguarda:
Le chevaler par sa deserte
Encuntre luy la vist uverte,
1205 Si en issiz une fleirur
Ke tant esteit de grant duchur,
Si tut le mund fust enbaumé
U en especes tut turné,
Greinur duçur pas ne sereit,
1210 Ceo li ert vis ke dunc esteit;
E il receust de la duçur
Si grant force e si grant vigur
Ke li semble, tut pur veir,
K'il put suffrir, sanz mal aveir,
1215 La peine e la dolur grant
K'il aveit suffert devant.
E par la porte esguarda einz,
Si vist un paÿs la dedenz
Ke mult fu de greinur clarté
1220 Ke n'est le soleil en esté.
E quant plus pres venu esteit,
Hors a la porte issir veeit
Muz genz a processiun,
Unkes greinur ne vist nuls hom.
1225 Encuntre luy trestuz veneient,
Gunfanuns e croyz porteient,
Chandelabres e paumes de hor,
Checun en valeit un treshor:
Il ne quidat ke en tut le mund
1230 Tant fusent gens cum ilokes sunt.
De checun ordre il veeit gent,
Homes e femmes ensement;
Les uns i vit cum esvesques
E les autres cum erce[ves]ques;
1235 Les uns cum presters u chanoi[n]es.

____
1220 *Ms.* q. le

Les uns cum abes u cum moynes,
Les uns cum reys enoinz esteint,
Corunes de or als chefs porteient;
Sulunc le ordre de seint eglise
1240 I fud checun einz en sa guise,
E sulunc le ordre esteit vestu
K'il en secle aveit tenu.
Kant al chevaler venuz furent,
A mult grant joie le receurent;
1245 Od mult grant leesce e mult duz chant
L'unt ovekes eus mené avant;
Dreit a la porte l'unt mené
E puis si sunt trestuz entré.
Quant il ourent le chant fini,
1250 Hors des autres s'en sunt parti
Deus erce[ves]ques meintenant;
Al chevaler vindrent alant
E ovekes eus l'unt dunkes pris,
Si li mustrerent le païs
1255 E la grant joie e le delit
K'ilokes ert, si li unt dist:
„Ihesu Christ, funt il, seit loé,
Ke cele grace vus ad duné
E cele creance e cele vertu,
1260 Ke dekes ça estes venu,
E des turmez vus ad jeté,
De debles vus ad deliveré.''
Amunt aval le vunt menant;
Joie e delit, bealté si grant
1265 I ad veü le chevaler
Ke nuls ne poreit deviser.
D'istant i ad greinur clarté
Ke n'est del soleil jur d'esté,
Si(l) nel tenez pas a merveille,
1270 Kar si cum clarté de chandeille
Esteint e pert sa resplendissur,
Kant la nuit part e vient le jur,
Par le soleil ke duncke l'esteint
E sa clarté desturbe e veint,
1275 N'en dutez pas, sachez de fy

Ke le soleil tut autresi
Sa grant lumere tute perdereit
Par la clarté ke la esteit.
De cel grandur fu le paÿs
1280 Ke al chevaler esteit avis
Ke il ne pout pur la grandur
La leyse veir, ne la lungur,
Ke nule fin veü n'i a
Fors sul la porte u il entra;
1285 Mes mult i vit joie e deliz
Kar tut fu plein de preez fluriz
E mult furent larges e granz;
Tut dis esteit verdisanz
Des roses e des autres flurs
1290 Ki ourent diverse colurs;
De peres de arbres i eut tant
Ke la fleirur ert si grant
Ke avis esteit al chivaler
Ke tut sanz beivre e manger
1295 Il pureit tut diis remaner
Einz en la duçur sanz mal aver.
Ne trop n'i ad freit ne chaut.
Ne clarté nule feiz i faut;
L'on n'i put aver tenebrur,
1300 Tant par ert la resplendisur
Ke jus del ciel vint descendant,
Tut le paÿs enluminant;
Kar la clarté, ke tant resplent,
Del suverein del ciel aval i descent.
1305 Le chevaler se esmerveilla
De la grant gent k'il i truva,
Kar il ne quidat pas avant
K'en en tut le mund n'eust autretant.
Tuz ensemble pas ne seieint,
1310 En diversis lius partiz esteint;
Par cuvenz furent destraité
E par treszeins devisé,
Mes il purent a lur plesir
Les uns als autres tost venir,
1315 E mult grant joie entre eus feseient

____
1277 *Ms.* Si. — 1292 *Ms.* De.

Kant il issi se entreveeint.
Les uns par lius i karolent
E Ihesu Crist chantant loërent;
A duces voiz e mult haut chant
1320 Tuz furent Ihesu loant.
Mes tuz iceus ke ilokes sunt
Uele joie pas nen unt,
Kar sulunc ceo i est partie
Cum il unt servi en vie,
1325 Si vus dirai une semblance
E assez bone concordance
Des esteiles, ke vus veez,
Ki sunt el firmament posez:
Tutes s'entresemblent en tant
1330 K'eles gettent clarté mult grant
E k'eles sunt rundes e clers
E jeutantes mult granz lumers;
Nepurquant i ad descordance,
Tut i eit il si grant semblance,
1335 Ke pas ne sunt de un beauté,
Ne ulement jetent clarté,
Si ne sunt pas de une manere,
Kar l'une est plus de autre clere.
Ansi est il, bien le sachez,
1340 De ceus dunt vus oÿ avez,
Ky sunt el duz paÿs manant
Dunt jo vus cunctay avant,
K'il nen unt pas tuz uelement
Delyt e joie ensement;
1345 Mes al meins ad nepurquant,
Al sen avis, ad autant
Cumme nus home put de joie aver;
Rien ne luy faut de sun voleir.
Checun i ad a sun talent
1350 Vesture e bele aürnement;
Il sunt vestu de mult beal dras,
Mes de une culur ne sunt il pas;
Li un sunt vermail cum sanc,
U vert, u neir, u purpre, u blanc:
1355 Les uns furent mult bien vestuz

1341 *Ms.* en.

De dras de seye e d'or batuz;
Tant out colurs de maner[e]s,
Tant preciuses e tant cheres,
Ke ne poreie deviser,
1360 Ne entre lur beltés destincter.
Checun en tel habit esteit
Cum il en le secle usé aveit:
Par la furme de la vesture,
U le chevaler mist grant cure,
1365 Apertement e bien veeit
De quele vie chescun esteit
E cum checun out Deu amé,
Tant cum en secle aveit esté.
Le chevaler out grant delit
1370 D'egarder ceus k'il i vit
Tele joie e tele leesce aver,
Ne failli rien de sun voler;
Mes maiur joie aseez aveit
De lur duz chant, k'il oeit,
1375 Kar si tre dusce melodie
Ne fu en tere unkes oïe,
Cum fu de seinz k'iloc chanterent
E Dampnedeu chantant loërent.
Ensurketut si s'es(s)joï
1380 De la duçur ki il senti,
Dunt la tere fu replenie
U ceus menerent joiuse vie
Ki unt en tere Deu amé
E li servi e honuré;
1385 Kar la duçur est si grant
U ces seinz homes sunt manant,
K'al chevaler pur veir sembla,
Pur la grant duçur k'il i a,
Sanz autre joie ke la seit,
1390 Cel sul lur vies susteneit.
Tuz ceus ke le chevaler virent,
A Ihesu Crist merciz reddirent
De ceo k'il aveit deliveré
E hors de grant turment jeté;
1395 Il en eurent si grant confort,

32a

____
1371 *Ms.* De le — 1382 *Ms.* joiuse.

Cum s'il fust levé de mort;
Si firent tuz communement
Joie de sun avenement;
Trestuz en furent si lieicé,
1400 Cum il fust resuscité,
E si en furent Deu loant
De tutes pars a mult haut chant;
Mult fu duce la melodie
Ke fud de seinz iloc oÿe.
1405 Tant i aveit joie e delit,
Si cum l'estorie cunte e dist,
Rien n'i aveit ke pust mal faire,
Ne ke pust turner a cuntraire;
Kanke la fust, trestut fu bien,
1410 De mal n'i aveit nule rien.
Pur nient irreye plus cunctant
De cele joie ke ert si grant,
Suz ciel n'ad home ke pust suffire
De la centime part descrivere.
1415 Quant il out aukes demuré
E le paÿs mult eguardé
E la joie ke iloc fu,
Dekes al chevaler sunt venu
Les deus evesques, kil menerent
1420 E ducement l'aresunerent:
„Frere, funt il, la Deu merci
Vostre desir est acompli;
Vous avez veu la merci Dé,
Ceo ke vus avez desiré;
1425 Kar vus avez veü la peine,
Ki a dolur tuz ceus demeine
Ki n'unt pas fete lur penance,
Ne parfurni lur penitance;
E la joie ke ci avum
1430 En cest paÿs u nus manum
Avez veü tut a leisir,
Acompli est vostre desir.
Beneit seit Deu e sa pusance,
Ki vus ad duné creance
1435 E par la grant benignité

____
1434 *Ms.* dure.

De turmez vus ad deliveré,
E dekes ça vus fist venir
Pur vostre volenté furnir.
Bel duz amiz, ore vus dirum,
1440 Apertement vus must[e]rum
Queus lius ces sunt u vus venistes,
Les grantz turmez ke vus veïstes,
E si volum ke vus sachez
Quel liu c'est ke ci veiez,
1445 U nus avum cest grant desport
E ceste joie e ceste confort.
C'est duz paÿs e cest bel estre
Est numé paraÿs terestre,
Dunt Adam fu desherbegé
1450 E sa mulier pur lur peché;
Il furent inobedïent,
Si crurent l'amonestement
Del envius, kis enginuia
Kant il lur dist e conseillia
1455 K'il pur Deu pas ne lessassent
Ke de la pome ne mangassent,
Dunt Deu defensiun lur fist,
E bien mustra e promist
Ke a cel jur de mort murei[en]t
1460 Si de la pome mangereient.
Mes le deble fu plein d'envie;
Par engin e par felunie
Lur ad bel promis e mustré
Ke, quant del arbre averunt mangé,
1465 Si cum Deu poant serunt,
Bien e mal trestut saverunt.
Par la promesse sunt deceu
E desqu'a l'arbre sunt venu,
Del fruit mangerent sur defens;
1470 Pur ceo furent il en lur tens
E aprés eus lur parenté
De cest paÿs desherbergé.
Pur ceo mustra David e dist,
Ke le sauter traita e fist,
1475 Ke home, kant il fust en honur

____
1442 *Ms.* u vus venistes.

U le aveit mis sun creatur,
Ne tendi pas sa digneté;
Pur ceo fud il acomparé.
A itant par est folur
1480 De curucer sun creatur
E estre inobedïent
E passer sun commandement;
Par Adam le poüm aprendre
E par Eve, sa femme, entendre,
1485 Kar eus e tut lur parenté
Furent par tant a mort jugé;
En enfern trestuz alerent
Kant les almes des cors severerent.
En cest paÿs nul d'eus i vint
1490 Desqu'al cel tens, ke ce avint
Ke Deus, ke meint en trinité,
De sa feture aveit pité;
Sun fiz enveia desqu'en (en) tere
Pur nostre... a la fin traire,
1495 Ki par sa grant humilité
Prist de la virgine humanité
E puis sufri pur nus la mort,
Par quei avum joie e confort.
Pur nostre salu tut ceo fist
1500 Nostre sauvere Ihesu Crist,
Kar nus ke en luy crere volum
Kant bapteme receu avum,
Dunkes nus ad il pardoné
Trestut le original peché.
1505 Aprés ceo repeirer poüm
En cest paÿs, u nus manum,
Mes pur ceo ke par frelleté
De nostre char feimes peché,
Puis ke nus avum receü
1510 Fei e bapteme en le nun Ihesu,
Mester nus est (ke) par penance
E par veraie repentance
Sulunc veraie confessiun
De nos pechez aver pardun.
1515 Pur ceo nus devum espenir

1494 Il manque sans doute un mot.

E nostre penance sufrir
Es lius par unt ça endreit venistes,   34a
U vus les granz turmenz veïstes;
La devum la penance fere
1520 Ke nus avum receu en tere
E pas parfete ne l'avum;
Aprés la mort iloc serum.
Dekes nus l'av[r]um acomplie
E la penance parfurnie,
1525 Ne serum pas tuz uelement
En la dolur e el turment;
Checun home sulunc sa fesance
Ilockes fra la demurance,
Sulunc sa cupe e sun peché
1530 I sera lungement pené,
Si ne put nuls ça einz entrer
Ke li n'estot par la passer.
A itant par est cele passage
Dur e orible e sauvage,
1535 U checuns home s'estot purger
Einz k'il puse a nus entrer.
E resachez ensement:
Tuz ceus ki sunt en cel turment,
Fors ceus ke sunt el puz d'enfer,
1540 Ke Deu ne purent ja mes ver,
Kant il del tut purgé serunt
En cest repos a nus vendrunt;
Ja un sul n'eschapera
K'acun d'iloc ne vinge ça;
1545 A la fie venunt plusurs
Hors des turmenz e des dolurs,
E encuntre eus trestuz alum,
A grant joie les recevum,
Si cum encuntre vus alamus
1550 Quant ça einz vus od nus (a)menamus.
Mes ces ki sunt en cel turment
Ne sevent pas cum lungement
Demurer deivent en la peine,   34b
Ke nuit e jur lur est certeine:
1555 Kar par messes e par preeres

E par vestir e pestre freres
E autres biens ke sunt fesanz
Ceus ke en tere sunt vivanz
Pur ceus ke sunt issi peiné,
1560 Par ceo lur est asuagé
Lur grant turment e lur dolur,
E lur grant dol e lur tristur
Pur ceo lur vient assuagant,
De jur en jur amenusant.
1565 Decke il sunt issi purgé
E par almones deliveré,
Puis venent ça a nus aprés
Kant de lur peché unt relés;
Mes nul de nus saver ne pot
1570 Cumbien isci estre l'estot,
Ne cumbien il deit demurer
En cest paÿs, u sujurner,
Kar si cum ceus ke en peine sunt,
Sulunc lur peché demorunt
1575 En turment u il sunt peiné
Sulunc la grandur de lur peché,
Sachez bien, beau duz ami,
K'il est de nus tut autresi:
Sulunc le biens ke fet avum
1580 U plus u meins ça enz demurum,
E tut sulunc nostre fesance
En cest paÿs frum demorance,
Kar tut serum quite clamé
De nos pechez e tut purgé.
1585 Nus sumus digne pur tant
D'estre od les seinz la sus manant,
De munter sus en cel paÿs,
U les seinz sunt en glorie assis.
Mes kant nus av[r]um isci esté,
1590 Tant cum Deu plet, e demuré,
Deckes la sus dunc munterum
E od les seinz sanz fin meindrum,
Kar avum deliz assez
En cest paÿs, cum vus veez.
1595 Quant le terme sera passé,

1593 et 1594 *Le rapport entre ces deux vers et ceux qui précèdent n'est pas clair.*

Ke prendra [Deu] de nus pité,
Greinur delit assez averum
Quant od les seinz la sus serum,
E averum en lur companie
1600 Delit e joie sanz envie;
Mes la terme pas ne savum
Kant dekes la venir devum,
Mes checun jur crest endreit
Nostre asemblé a grant espleit,
1605 Kar plusurs venent ça dedenz
Hors de dolurs e de turmenz,
E plusurs vunt de ci amunt
En la joie u les seinz sunt
El paraÿs celestïen,
1610 U nul entre for cristïen."
      Quant ourent issi parlé
E lur resun issi mustré,
Le chevaler avant menerent;
Dekes a un munt tut dreit alerent
1615 Ke mult esteit haut e grant,
Dequ'al sumet le vunt menant;
Puis comandé e dist li unt
K'il esguardast tut dreit amunt
E ke il lur deit a sun avis
1620 Lequel le ciel fust blanc u bis,
Vert u bloye, vermail u neir,
A sun avis lur deist le veir.
Le chevaler lur ad puis dist
K'il fust tut autel cum or quit
1625 Ke fust en furneise ardant,
Tant par esteit cler e lusant.
„Veire, funt il, de veire sachez
Ke la clarté ke vus veez,
Est la porte de paraÿs
1630 Celestre, u sunt tuz ceus mis
Ke unt isci od nus esté
E tant cum Deu plut demuré.
Par cele porte enterunt
Ceus ke de nus en cel irrunt,
1635 Par unt descent chescun jur

[Paradis
céleste]

35b

1630 *Ms.* Elestre.

A un hure mult grant duçur
Ke jus del ciel descendant vient
E nos vies ci nus sustent;
Kar Dampnedeu, nostre seignur,
1640 Nus pet une fie checun jur.
Ore endreit od nus serez sentant
Cele duçur cum ele est grant."
Quant sun sermun fini aveit,
Le chevaler utre eus veeit
1645 Cum si se fust flamme de fu:
Del ciel avalant est venu,
Par raies ardant se departi
E tut le paÿs coveri;
E par la vertu Ihesu Crist
1650 Sur checun de eus une raie s'asist
E puis gueres ne demora,
En chescun d'eus une raye entra.
Sur le chevaler autresi
Cum sur les autres descendi
1655 Une raie, ke fu cler e lusant,
Luy cum les autres confortant.
La duçur si tres grant esteit
Ke le chevaler ne saveit
Lequel il fust, vif u mort,
1660 Tant eust grant joie e confort;
Mes la ure tost trespassa,
Tute la duçur s'en ala.
Dunc li unt les evesques dist:
„C'est la joie e le delit
1665 Dunt Dampnedeu, nostre seignur,
Nus pest un ure checun jur;
Mes ceus ke sunt od Deu manant
Sanz fin sunt cest delit sentant;
E tel duçur tut dis averum
1670 Quant deke a eus venuz serum.
   Ore vus est, frere, tut mustré
Ceo ke vus avez desiré:
Des uns la peine e les dolurs,
Des autres joie e grant duçurs.
1675 Ore vus estuvera repeirer
E par la veie arere aler

Par unt venistes deke ça,
Kar returner vus estuvera;
E si vus seiez en avant
1680 Sulunc la ley de Deu vivant
E seintement vus cuntenez,
Ke ne facét mortel pechez,
Ceo sachez bien veraiment
De ceste joie sulement
1685 Ne porrez pas estre seür,
Kar vus averez greignur;
La sus en ciel od Deu serez
E la sanz fin od li meindrez;
E si vus suilliez vostre vie
1690 De pechez u de lecherie,
Vus meimes avez bien veü
La peine grant, l'ardant feu,
U la penance suferez,
Sulunc le mals ke fet avez.
1695 Tut seür poëz returner,
Ne vus estot de rien duter,
Kar quanque vus a peine turna
Quant vus venistes dekes cha,
Ne vus pura rien desir,
1700 Kant vus vendrez al repeirir."
Quant le chevaler l'out oÿ,
Il en esteit mut ebaÿ,
Mult en fu grant dol demenant
E si requist en plurant
1705 Ke pur Deu ne l'en jetassent,
Ne hors de cele joie l'(j)ostassent.
„Frere, funt il, nel requerez,
Kar plus demurer ne poëz,
De ci vus estuvera departir,
1710 Ke issi vent Deu a pleysir."
Voille u nun, tut en plurant,
Fors de la porte issi a tant,
Lur beneiçun tuz li dunerent
E puis la porte refermerent.
1715 Le chevaler fu mult dolent,
Nepurquant tut seürement

36b

[Le retour du
chevalier]

1700 *Ms.* Kar

Par cele veie est returné
Par unt il fu encés alé.
E les debles, quant i le(s) virent,
1720 Eurent poür, si le fuïrent
E nepurquant mult se forcerent,
De luy mesfere se penerent,
Mes il ne pure(ie)nt aprocer,
Ne des turmenz de rien blescer;
1725 Tuz furent de luy espunté,
Sanz mal aver utre est passé.
Tut seurement ala avant,
Il ne duta ne tant ne quant,
Si ad sun chemin tant tenu
1730 Ke dekes a la sale en est venu,
La u le debles le truverent
Quant il primes le turmenterent.
En la meisun mult tost entra
E les quinze homes i truva,
1735 Ki primes le conforterent
Einz ke les debles l'esaërent;
De sa venu joanz furent,
A grant leesce le receurent,
Si en unt Deu mult mercïé,
1740 Ke cele grace li ad duné.
„Frere, funt il, de veir sachez,
Vos pechez vus serunt pardunez
Par ceo ke vus avez eü
Bone creance e sustenu
1745 Ces grant peines ke vus alastes,
E les turmenz par unt passastes.
Mes ore ne poëz demurer,
Einz vus estuvera mult haster,
Kar einz ke seez parmunté
1750 Sera le soleil haut levé,
Cler jur ert en vostre paÿs:
Ore, vus hastez, bel duz amis,
Kar quant le servise est chanté,
Le priur e tut le clergé
1755 A grant processiun vendrunt
E la porte vus uverunt;
E s'il vus ne trovent pas.

Il quiderunt ignelpas
Ke seez a mort liveré
1760 Si cum les autres unt esté,
E meintenant arere irrunt,
La porte aprés eus fermerunt."
Quant le chevaler ceo entent,
Il se haste mult durement;
1765 La beneiçun li unt duné
E il s'en est avant alé.
Le chevaler tant se pena
E si hastivement munta,
Ke meimes l'ure sus veneit
1770 Ke la porte uverte esteit;
E quant le priur l'ad veü,
A mult grant joie l'ad receu;
Od sei el muster le mena,
U autre quinze jurs juna
1775 E demura en oreisuns,
En junes, en afflictiuns.
E tuz iceus ke cest oÿrent
A Dampnedeu graces rendirent.
Quant tut le terme fu passé,
1780 Kant la quinzenie aveit juné,
Le chevaler ad la croiz prise,
A Deu servir ad s'entente mise.
Pur sun servise meuz parfere
Le Seint Sepucre alat requere,
1785 Et quant il fu d'iloc venu,
Abit de moyne ad receü.
Tut sun purpens ad tut esté
De servir Deu en honesteté,
Dekes sa alme del cors departi;
1790 E Dampnedeu l'ad recuilli
La sus en paris celestre,
U il fet a l'assous bel estre.
Ore nus doint Deu par sa merci
Ke nus le façum altresi. Amen.

*Explicit liber de Gaudio
Paradisi terrestris.*

1779 *Ms.* Kar — 1792 *Ms.* al fet assous.

§ 3 — Langue et versification

Nous allons énumérer quelques particularités graphiques de notre texte et nous relèverons celles qui sont confirmées par la rime; on reconnaîtra facilement celles qui prouvent que le texte est anglo-normand.

Phonétique

Voyelles

A latin — *e* < *a* rime avec *ie : mortel : ciel* 56, *preere : pere* (p a t r e m) 88, *preeres : freres* 1556, *manere : clere* 1388, *sermumier : turner* 42, *contruver : enginier* 1060, *piez : embrasez* 754 — avec *e* ouvert : *ester* 1054 (*: enfer*).

ai se confond avec *ei* et *e : demaleyre* 63(*: creire*), *eyr* 826 (*: poeir*) ; *relés : aprés* 136, 444, 1568, *fere: terre* 172, *parfere : requere* 1784.

a et *e* devant une nasale ne sont pas séparés à la rime: *reins : meinz* 892, *chastanie : penie* 8; *einz : denz* 762.

aun et *an : repentaunt* 127, *criant* 128.

diable 464, *deble* 1461.

chivaler 267, 291, *chivalerie* 241, à côté de *chevaler* 237, 364.

E ouvert — *Dé* (d e u m) 1423 (*: désiré*) ; au milieu du vers toujours *Deu* 19, 29.

E fermé — *ver* 1540 (*: enfer*), 590 (*: iver*). Cf. dans Chardri, *P. P.* v. 848.

suzterin (t e r r e n u m) 346 (*: chemin*); *chevous* 755 (*: cous*) ; *vermail* 1353, 1621.

E atone français — *ee* est pour *e* à la fin des mots: *lee : pié* 1122, *alé : lee* 1144.

-mus au lieu de *-mes : sumus* 995; la terminaison *-unt* à côté de *-ent : alerunt* 215, *alerent* 561, 587, *jeterunt* 686, *jeterent* 1166, *geterent* 542, 835, *diunt* 83, 1088, *dïent* 851 — *munde* 124 (*: runde*) à côté de *munt* 2, 294, 584 (*: sunt*).

-es final écrit *-is : diversis* 1310, *entrastis* 411 (*: alastes*) ; *-int* pour *-ent : facint* 211, *pusint* 526.

La voyelle du thème a disparu dans *fru* 258, 1528, *frum* 1582, *frunt* 68, 687, *freit* 471: cf. *dreit* 228.

I — *ii* au lieu de *i : diis* 1295.

O ouvert — *liu* (l o c u m) 581, 589, 760 se présente neuf

fois, sur une fois *lu* 167; *pople* 164, 927, 939, *quer* 6, 39, 486.

O fermé — *o* rime avec *u: seür: greignur* 1686, *entur: mur* 182, *tuz: venuz* 328, *uns: dragunts* 652. — *Genuz* 889 (*: oylz*).

U — *puz* (p u t e u m) 984, 989.

Consonnes

N — *emveer* 243, *envius* 1453, *envanist* 152, *enbrasé* 806, *ebraseit* 746, *enbaumé* 1207, *enpris* 898, *enprenderay* 272, *enprise* 360 — *sermumier* 41 (*: turner*); cf. *latimier* (*L'espurgatoire saint Patriz* de Marie de France, v. 1957) — *n* devenu final après *r* tantôt tombe, tantôt est conservé: *enfer* 70, 1053 (*: ester*), 1539 (*: ver*), *iver* 351, 590 (*: ver*), *enfern* 45, 992, 1487 — *n* anorganique: *envanist* 152, *duissent* 503 — amuïssement de *n*: *pedeyent* 808, *estrat* 295, *verat* 135 (viendra) — *n* pour *ñ*: *pleneient* 719, *greinur* 471, 866 à côté de *greniur* 602, 1021, *greinniur* 697.

L — *l* pour *l: bruillant* 724.

S — *s* anorganique: *d'istant* 1267 — amuïssement de *s* (cf. flexion de l'article et de l'adjectif): *reconsir* 352, *dequ'* 643, 742, 1048, à côté de *desqu'* 166, 191; *eguardé* 972, 1039, *egardé* 1044, mais *esguarder* 1152, *esgardé* 380; *trebucher* 469, *tre bien* 292, *tre dusce* 1375, mais *trespasser* 1091, *tresturner* 688, *trestut* 181, 224, 220, *tres grand* 1657; *dist* 1256, 1669, 1405 (*: delit*), 435 (*: parfit*), 285 (*: abit*), 1623 (*: quit*);

R, V — amuïssement de *r: ka* 1034; de *v: maese* 988.

D — final pour *t: fud* 89, *ad* 120, *vund* 816; *munt: mund* 916, *punt: parfund* 1114, *sunt: mund* 584, 1230.

Th — final au lieu de *t: suth* 970 (*: venuz*).

B —*jambe* 765 (*: flamme*).

Perte de la consonne initiale: *sauter* 1474 (= psautier), *celestre* 1791 à côté de *elestre* 1630.

Flexion

ARTICLE DÉFINI. Nom. s. masc.: *le* 7, 100, *li* 149, 151; nom. pl.: *les* 72, *le* 892, 912, *li* 63, *luy* 749; *as* 212, 672, *als* 1238, 1314; *els* 877, *es* 1517.

SUBSTANTIF. Masc. nom.: *Deus* 1491 (*Deu* 19), *Syres* 149, *Sauvers* 151, *Dampnedeu* 1639, 1665, *seignur* 1639,

1665, *creatur* 1476, *amiz* 1489, *amis* 1752 (*: paÿs*), *home* 816, *hom* 26, 104, 1224 (*: processiun*), *on* 1299, *um* 192, *em* 212; cas régime: *fiz* 492, 786, 1498; nom. plur.: *compainuns* 1101.

ADJECTIF. Nom. s. masc.: *jolifs* 244 (*: mespris*), *chescuns home* 1535, *checun home* 1527, *bel* 1752; fém.: *greinur* 1115 (*: rasur*); nom. plur.: *deus* 1147; accus. pl.: *deu* 53.

Au féminin *grant* 28, 55, 56, *grande* 112 (*: Yrlande*), *quel* 296 et *quele* 47, 359, 1366, *mortel* 56, *tel* 38, 124, 133, *telc* 84, 825; *itele* 377.

PRONOM: *ele* 375, 710, *eles* 1330, 1331 à côté de *els* 880.

Comme pronom conjoint: datif *lui* 66, 102, 122, *li* 52, 92, 335.

Après prép.: *eus* 42, 71, 334, *els* 700, 777, 802, *lur* 69.

Nom. s.: *ke* 2, 78, 123, *ki* 30, 79, 94; pl.: *ke* 48, 51, 73, *ki* 5, 12, 16.

sun 27, 58, 173 à côté de *sen* 1346.

Neutre: *ceo* 15, 65, *iceo* 85, à côté de *cest* 195, 267, 363.

VERBE: *feimes* 1508, à côté de *feisun* 994.

-et au lieu de *-ez : augét* 1106, *duissét* 503, *facét* 421, 428, 1682; *facez* 441. Cette désinence n'a pas été souvent employée en anglo-normand; elle est restée limitée à un petit nombre d'auteurs [1].

vist 38, 385 est un parfait sigmatique irrégulier à côté de *vit* 490, 652; *tendi* 1577, à côté de *tint* 236; *curerent* 641 (*: turmenterent*), 821 (*: ficherent*).

Présent du subjonctif: *vinge* 1544; *doint* 19, 257, 277.

Versification

On a beaucoup écrit sur la versification anglo-normande; dernièrement encore M. Vising a repris sa théorie du vers de sept syllabes, selon laquelle on pourrait considérer comme corrects aussi bien les octosyllabes féminins abrégés d'une syllabe que les octosyllabes ordinaires [2].

---

[1] Cf. F. J. Tanquerey, *L'évolution du verbe en anglo-français (XIIe—XIVe siècles)*, Paris, Champion, 1915, p. 208.

[2] Cf. Vising, *Anglo-norman language and literature*, London, 1923, pp. 79—83.

Dans le poème de Cambridge l'auteur admet les vers mas-
culins de sept syllabes, constatation qui a été faite également
pour la *Vie de Thomas de Cantorbéry*. Paul Meyer résume
l'état de choses comme suit: „Nous caractériserons donc la
versification de l'auteur inconnu de la *Vie de saint Thomas*
en disant que dans ce poème les vers de huit et de sept syllabes sont admis indistinctement." Voici quelques vers mas-
culins de sept syllabes du texte de Cambridge:

Un hom ky ert de grant pris (v. 26)
S'il les porreit amender (v. 54)
Mult suvent mustra e dist (v. 44)
Al plus haut sé del pays (v. 113)
C'il seit veray repentaunt (c. 127).
Damnedeu a ses amis (v. 147)
Si l'ad Regles apelé (v. 174)

A côté des vers de sept et de huit syllabes il y en a quelques-uns de six:

Ne luy vaut un butun (v. 62)
Li sauvers Ihesu Crist (v. 151)

et de neuf:

Dunt plusurs se porrunt amender (v. 4)
Le plus haut de eus, ceo luy ert avis (v. 392)
Cestes paroles pur ceo diseient (v. 523).

Quant aux vers féminins, ils sont en grande majorité réguliers dans l'acception moderne, à savoir huit syllabes $+$ ə:

Ki del retenir ne se penie (v. 8)
Ceo voil a tuz iceus requere (v. 15)
Taunt cum il ert en ceste vie (v. 31)
A muz pur luy dunat aÿe. (v. 32)

Les vers féminins de sept syllabes $+$ ə sont en minorité:
Deu le veir espiritable (v. 93)
Ki n'unt fet lur penitance (v. 204)
Cil l'at fait briser e lire (v. 312)
Enfin quelques vers comptent neuf syllabes $+$ ə:
Et pur amuz Deu merci luy crie (v. 256)
Unble guerdun nus rus devum rendre (v. 501).

Très souvent il est facile de ramener „à la bonne mesure"
les vers qui ne semblent pas corrects, mais il est plus prudent

de ne pas intervenir du tout [1]), afin de respecter les tendances
et les convictions du poète, qui, à en juger d'après nos oreilles
modernes, „n'avait qu'un rythme vague dans la tête".

---

[1]) M. L. Foulet (*Romania*, XLVII, p. 156 et 157), parlant de la dissertation
de M. Henry E. Haxo, *Denis Piramus, La Vie Seint Edmunt*, Chicago, 1915,
dit: „Les vers de 7 et de 9 syllabes abondent et ceux même de 6 et de
10 ne sont pas rares. M. H. montre bien que, moyennant additions ou corrections très légères, il n'est pas un de ces vers qui ne puisse être remis
sur ses pieds: la démonstration ne nous semble pas absolument péremptoire
et la question reste en suspens."

GLOSSAIRE

abes 1236, *abbé.*

achesun 314, *cause, motif.*

acoille 88, *accueille.*

acomparer, 1478, *payer.*

acun 1544, alcuns 228, *aucun.*

adeser 1036, 1167, *toucher.*

aguillette 709, *petite aiguille.*

aguz 672, *aigu.*

alegance 1032, aliance 896, *soulagement.*

alme 404, *âme.*

altresi 1794, autresi 604, 728, *de même.*

ambes 821, *tous deux.*

amendement 164, *profit.*

amenuser 1564, *diminuer.*

amonestement 1452, *conseil.*

amunt 650, 758, *en haut, en l'air.*

ansi 817, 975, isi 441, issi 249, *ainsi.*

apertement 46, 99, *clairement.*

arere 955, 985, *en arrière.*

aresuner: aressuna 101, aresuna 393, aresunerent 1420, aresuné 338, *adresser la parole à.*

asaer 53, *mettre à l'épreuve.*

asai 413, *épreuve.*

asoir 983, *se calmer.*

asuager 1563, *soulager.*

atente 943, sanz nule —, *tout de suite.*

aturner 50, *préparer.*

aukes 381, 1043, *un peu.*

aürner 1198, *orner.*

aürnement 1350, *parure.*

autel 1624, *semblable.*

auter 96, *autel.*

autretant 350, 1308, *autant.*

aval 758, 810, *en bas.*

avaler 1019, *descendre.*

avant, en — 1679, *désormais.*

avenir 481, *arriver.*

aviruner 656, *entourer.*

avis, estre — 97, *sembler.*

aÿe 32, *secours.*

bailler 299, *remettre.*

bainer 857, *baigner.*

bastun 108, *bâton.*

batuz, or b. 1356, *or réduit en fil.*

beal 1351, *beau.*

beivre 1294, *boire.*

beneiçun 452, 1713, *bénédiction.*

beneit 395, 1433, *béni.*

blandir 525, 528, *flatter.*

bleu 1081, bloye 1621 *bleu.*

bref 311, *lettre.*

bruillant 724, *brûlant.*

bulir 881, bullir 893, *bouillir.*

buter 660, *pousser.*

celestïen 1609, *céleste.*

chaïr 1098, chaïrent 988, *tomber.*

chandeille 1270, *chandelle.*

chastanie 7, *châtaigne.*

chastïer 293, *empêcher par admonition.*

chef 397, *bout, tête.*

cheiftifs 667, chetifs 612, 766, *malheureux.*

cheyne 754, *chaîne.*

chevous 755, *cheveux.*

clamer 1583, — quite quelqu'un de, *lui pardonner.*

clouficher 634, *clouer.*

commuvant, faire — 1095, *lever.*

concreire 82, *croire.*

coneistre: coneü 200, cuniseit 786, 1046, *connaître;* cunut 255, *confesser.*

conforter 1656, *soutenir.*

contruver 1059, *trouver, imaginer.*

corage 674, curage 298, 414, *courage, volonté, pensée.*

corune 1238, *couronne*.
creance 1434, *foi*.
crest 1603, *croît*.
croce 118, *crosse*.
cunisance 787, *connaissance*.
cuntraire, turner a — 1408, *contra-rier*.
cupe 1529, *faute*.
cure, mettre — a 1364. *regarder attentivement*.
cuvent 1311, *couvent*.

Dampnedeu 276, 476, Damnedeu 34, 147, (*Seigneur*) *Dieu*.
dart 806, *dart, arme de trait*.
deble 1461, debles 426, 536, diables 464, 488.
deceivre: deceu 534, 1467, decevum 1062, *decevoir*.
defens 1469, *défense*.
defensiun, faire — de 1457, *défendre*.
dekes 1074, 1260, desque 166, *jusque*.
delez 1037, *à côté de*.
delit 1255, 1264, *plaisir*.
delivre 738, 1184, *libre*.
demaglerent 683, 726, *frapper, dé-chirer*.
demaleyre 63, *de mauvaise nature*.
demeintenant *v.* meintenant.
demener 998, *mener, manifester*.
demurance 167, 960, demorance 1582, *retard, délai*.
demurer 418, 729, *demeurer, tarder*.
denier 689, *refuser, repousser*.
departir 1709, *s'en aller, se séparer*.
depecer 653, 684, *déchirer*.
depyt 530, 535, *mépris*.
descordance 1333, *désaccord*.
deserte 1203, *mérite*.
deservir 510, *mériter*.
desherberger 1472, *déloger*.
desir 1699, *toucher* (*cf.* adeser).
desloer 279, *déconseiller*.
despire: despiseit 1013, *mépriser*.
desport 1445, *distraction*.
destincter 1360, *distinguer*.
destraité 1311, *séparé les uns des autres*.
destre 322, *droit*; a d. 585.
desturber 1274, *détruire*.

desturber *s.* 630, *trouble*.
desuz 346, 942, *dessous*.
deturbance 305, *trouble d'esprit*.
Deu 19, 29, Dé 1423, Deus 1491.
devant 96, 98, devaunt, de — 253, *devant, auparavant*.
devise 780, 876, *entretien*.
deviser 784, 828, *dire, séparer*.
divise 84, *manière*.
dragunt 652, *dragon*.
dras 388, 1351, *drap*.
dutance 140, 402, *crainte, hésita-tion*.
duz 1245, 1341, duce 146, 1403, *doux*.

ebaÿ 1702, *ébahi*.
echar 496, *moquerie*.
einz 39, 490, enz 365, 769, *dedans*.
einz 63, 424, *mais;* einz ke 218. 1106, *avant que*.
eir 836, eyr 809, 826, *air*.
eire 320, 627, eyre 314, 732, *voyage*.
eire 869, *salle*.
emaier (s'—) 462, *se mettre en émoi*.
emveer 243, *envers*.
encés 1047, 1718, *auparavant*.
encumbrer 318, *difficulté, embarras*.
encuntre 336, 1204, *en face*.
encuntrer, (s' —) 1148, *se rencontrer*.
endreit, *adv.* 1517, 1603, 1641. *s'emploie pour mieux préciser le lieu ou le temps*.
engin 1462, *ruse*.
enginer 966, enginier 524, 968, en-ginuia, *réfl.*, 1453, *tromper*.
enjoindre 266, *prescrire, imposer*.
enluiné 1189, *éloigné*.
enluminer 1302, *éclairer*.
enoint 1237, *oint, sacré*.
enprendre: enpris 398, enprenderay 272, *entreprendre*.
enprise 360, *entreprise*.
enseignes 154, enseinie 461, *preuve*.
ensement 77, 145, *de même*.
enseiner 223, *enseigner*.
ensurketut, *v.* surketut.
entendre 502, 505, *attendre*.
entente 29, 133, *pensée, effort*.
enter 832, *entier*.

entresembler (s' —) 1329. *se ressembler entre soi.*
entur 181, 192, *autour.*
envanir (s' --) 152, *s'évanouir.*
envius 1453, *Satan.*
erceques (?) 1234, *archevêque.*
escarnisant 495, *railler, injurier.*
escrillant 1120, *glissant.*
escrillure, nule — 1140, *rien de glissant.*
escuter 592, *écouter.*
esguarder 1152, *regarder.*
espece 1208, *épice.*
espeier 772, *percer de part en part.*
espeinir 197, 284, espenir 144, 1515, *expier.*
esperiz 406, *esprit.*
espleit 1604, *avantage, profit.*
esprendre: espris 976, *allumer, enflammer.*
espiritable 93, *spirituel.*
espuntable 1110, *épouvantable.*
espunté 1725, *épouvanté.*
esquanz 656, 769, *quelques-uns.*
esquasser 560, *détruire.*
essaier, essaërent, 1736, *éprouver.*
esjoï 1379, *réjouir.*
estable 402, *ferme, fidèle.*
esté 582, 1220, *été.*
esteiles 1327, *étoile.*
estenceles 980, *étincelle.*
ester 918, 1054, esteez 1049, esturent 923, 988, *se tenir, se trouver, se tenir debout;* lesser — 289, 317, *laisser en repos,* en estant 940, *debout, immobile.*
estorie 1406, *histoire.*
estoveir, estoit 430 estot 722, 860, estuvera 1091, 1098, *falloir.*
esturbilun 934, esturbiluns 1096, *tourbillon.*
ewe 944, 947, *eau.*

faillir: faut 1298, 1348, failli 1372, *manquer.*
faire: feisun 994, frum 1582, *faire.*
feintie 177, *tromperie.*
feiz 1058, 1084, fez 1003, *fois.*
felunie 1462, felunnie 57, *fureur.*
fesance 895, fessance 268, *action.*

feture 1492, *créature.*
feu 979, fu 540, 542, *feu.*
fiance 370, 456, *confiance.*
fie 1640, *fois,* a la f. 611, *tantôt.*
flegir 527, *fléchir.*
fleirur 1205, 1292, *odeur.*
fluri 1286, *fleuri.*
fluvie 1074, 1086, *fleuve.*
folur 1479, *folie.*
for 1610, *excepté.*
freidur 947, freydure 572, *le froid.*
frelleté 1507, *fragilité.*
fu v. feu.
funz, el — 996, 1080, *au fond.*
fy, de — 292, 1275, *d'une manière certaine.*

genuz 889, *genoux.*
gref 546, *grave.*
greinur 471, 866, greniur 602, 1021. greinniur 697, *comparatif de* grant.
greslette 710, *mince.*
gridil 771, *grille.*
guerdun 501, 509, *récompense.*
guerpira 246, 260, *abandonner.*

haltur 1113, *hauteur.*
hidus 474, *effrayant.*
honorance 168, honurance 1, 176, *honneur.*

ignelpas 1758, *sur-le-champ.*
ignelesce 830, *vitesse.*
iloc 103, illoc 171, ilokes 801, illokes 116, ilockes 1528, *là.*
inobedient 1451, 1481, *désobéissant.*
isi, issi, v. ansi.
isci 750, 999, *ici.*
issir 1222, isterez 1005, *sortir.*
iver 351, 590, *hiver.*

Ja 23, 64, *renforce la négation; avec* mes 423.
joant 1737, *joyeux.*
joïr 74, *confesser.*
joiuse 1382, *joyeuse.*
jolif 244, *léger.*
juines 90, 326, junes 1776, *jeûnes.*
juner 1774, *jeûner.*

jesir: jurent 609, 647, *gésir.*
jus de 1301, 1637, *à bas de.*

kar, 524, ka 1034, *car.*
karoler 1317, *danser.*
ke, *pron. rel. nom.* 782.
ki, *pron. rel. acc.* 1380; *conj.* 225.
ke, *adv. rel.* 1745, *par où.*

laenz 356, lainz 284, leinz 357, *là-dedans.*
laür 601, 1146, *largeur.*
lé 588, lee 375, 803, *large.*
lecherie 1690, *gourmandise.*
leesce 1245, 1371, *joie.*
lesser: leise 289, lereit 294, *laisser.*
leyse 1282, *largeur.*
leisir 1431, *loisir.*
lévers 762, *lèvres.*
liu 581, 589, lu 167, lius 1310, 1317, liuz 760, *lieu.*
liecé 160, lieicé 1399, *joyeux.*
luintenie 227, *lointain.*
luy, *art. nom. pl.* 749, *les.*
lumere 1277, lumers 1332, *lumière.*
lungement 384, 465, *longtemps.*
lungur 1282, *longueur.*
lusant 1626, 1655, *luisant.*

maese 998, *mauvaise.*
maiur 1373, maiure 867, *plus grand.*
mander 303, *faire connaître.*
maner: manant 995, manum 1430, maneit 251, *demeurer.*
manere 359, 415, maners 1357, *manière.*
mansiun 993, *demeure.*
marri 86, 538, *tourmenté.*
mavés 406, *mauvais.*
meimes 1691, 1769, *même.*
meindre: meint 1491, meindrum 1592, meindrez 1688, meindrunt 1002, *séjourner.*
meint 30, 196, *maint.*
meintenant 1251, 1761, de m. 355, *tout de suite.*
meisun 997, 1733, meysun 856, mesun 332, 385, *maison.*
meité 809, *moitié.*
membrer (*impers.*) 1025, *se souvenir.*

mener: merrum 1066, *mener.*
merci 128, 216, merciz 1392, *grâce.*
mercïer 159, *remercier;* m. qch. a qq. 1170, *le remercier de.*
merveilus 473, merveilluse 715, *terrible.*
mes 57, 242, *mais;* cf. ja.
mesfere 1722, *faire du tort.*
mespris 243, *offensé.*
mester 1511, *besoin.*
meuz 9, 16, mieux.
mi, en mi 590, par mi 588, 772, *milieu.*
mie 502, *suppl. de la négation* ne.
mulier 1450, *femme.*
mult 28, mut 159, muz 32, *beaucoup.*
mund 2, munde 124, *monde.*
munt 915, 940, *montagne.*
muster 323, 1773, *église.*
mustrer 1103, *montrer.*
muveir 1094, *causer.*

narille 763, *narine.*
nepurquant 349, 515, *néanmoins.*
nestre 590, né 137, 239, nest 582, *naître, se lever.*
nient 320, 556, *nullement.*
noise 912, noyse 468, 471, *bruit.*
nun 27, 240, *nom.*

od 120, oud 157, ou 311, *avec.*
oïr 5, oy 442, oïe 1376, oÿe 1404, oÿ 85, oÿrent 1777, oeit 1374, oeyt 574, oyez 20, orez 12.
on 1299, um 192, em 212, *on.*
os 94, *besoin.*
ostel 997, *habitation.*
otriast 92, *accorder.*
ou, *voyez* od.
ovec 568, ovekes 1246, *aver.*
oylz 763, 890, *yeux.*

palliun 118, *pallium.*
paraÿs 79, 148, paris 1791, *paradis.*
parey 379, *paroi.*
parfere 1783, parfete 1521, *achever.*
parfin 1028, *fin.*
parfit 436, 529, *parfait.*
parfund 254, 984, *profond.*
parfurnir 360, *accomplir.*

parmunté 1749, *monté.*

partir, partie 1323, partiz 1310, *partager.*

partir 722, *séparer.*

paumes 1227, *branches de palmier.*

pavement 869, *salle pavée.*

pecheur 446, 749, pecchurs 72, *pécheur.*

peiner 1059, pener 687, penie 8, *peiner souffrir.*

peitrins 659, *poitrines.*

peiz 774, *poix.*

penance 203, 306, *pénitence.*

penant 302, *pénitent.*

penitance 204.

pendre: pedeyent 808, pendirent 814. *pendre.*

percer, perzant 576, perecerent 659, *percer.*

pere 1198, *pierre;* (?) 1291.

pes 1150, *paix.*

pestre 1556, pet 1640. *nourrir.*

pié 765, *pied.*

pier 1196, *pareil.*

pilers 378, *piliers.*

pité 1492, 1596, *pitié.*

piz 668, piez 767, *poitrine.*

pleire: plet 1590, plut 1632, *plaire.*

plendre, pleneient 719, pleneint 897, *plaindre.*

plum 775, *plomb.*

poër 637, poeir *inf. subst.,* 825, poant 87, puis 417, poüm 1061, poëz 589, pot 190, pout 600, put 1214, purent 1147, porent 1179, poeit 827, porat 142, pura 145, porra 560, porez 1097, porrez 1685, porrunt 4, poreie 1359, poreit 874, poreyt 789, porreit 54, pureit 1295, poriez 1127, poreient 717, porreient 527, porreynt 532, pureient 1723, puissent 968, pusint 526, puissez 711, pusse 212, pust 1407, *pouvoir.*

poi 919, poy 341. 348, *peu.*

pople 164, 927, *peuple.*

poür 525, 528, *peur.*

pree 1286, *pré.*

preer 95. *prier.*

preindre 337. pris 278. prise 1781.

prent 322, prist 1496, pristrent 903, parneient 661, prendra 1596, prendrunt 424, prenge 287, *prendre.*

primerement 545, *premièrement.*

primes 819, 1103, *d'abord.*

puis ke 137, *depuis que.*

pulent 1093, *puant.*

pulentie 949, *puanteur.*

purpens 231, 1787, *pensée.*

purpenser, 39, *penser.*

purpos 18, 396, *propos, dessein.*

purpre 1354, *pourpre.*

pusance 1433, *puissance.*

puz 984, 989, *puits.*

quanque 210, 746, kanke 156, 1409, *tout ce que.*

quel 49, quele 47, que 1041, lequel 855, queus 1441.

quer 39, 436, quers 6, 661, *cœur.*

quider 163, 1758, *penser.*

quise 765, *cuisse.*

quit 1624, *cuit.*

raddur 949, *impétuosité.*

raie 1650, *rayon.*

rasur 1116, *rasoir.*

rechaïr: rechaü 985, *retombé.*

reclamer 559, *invoquer.*

recorder 477, *remémorer.*

recuilli 1790, *recueilli.*

recunsir 352, *cacher, se coucher (en parlant d'un astre).*

redde 945, *impétueux.*

reguerduner 500, *récompenser.*

reindre: reinst 1186, *racheter.*

relés 136, 443, *rémission.*

religiun 28, 287, 386, *piété, acte de contrition, ordre religieux.*

remaner 1295, *rester.*

remembré 457, *conscient.*

rendre 501. rent 390, rendirent 1778, reddirent 1392, *rendre.*

repeirer 18, 1505, *retourner.*

repeirir *subst.* 1700, *retour.*

repentance 1512, *repentir.*

repleni 36, *rempli.*

requere 15, requerez 1707, requist 1132. *demander.*

res 387, *rasé.*

resun 933, 1612, *discours.*

retraire 414, *réfl.* 606, 1154, *enlever, s'en aller.*

rever 145, reveü 205, reveit 655, reveeit 785, revist 1085.

riulers 175, *réguliers.*

roe 802, 813, *roue.*

salvaciun 434, *salut.*

sauter 1474, *psautier.*

sauvers 151, sauvere 1500, *sauveur.*

saver 1569, say 780, set 557, savum 1601, sevent 172, sout 313, saveit 1658, saverez 932, saverunt 16, savereit 104, savereyt 781, sache 65, sachez 160, seusent 218, *savoir;* su 298, *apprendre.*

sé 113, 116, *siège.*

seeir, sér 652, seeient 665, seieint 1309, sis 465, sist 467, *être assis.*

sein 410, 519, *sain.*

seint 152, sein 85, seyn 37, sen 27, *saint.*

semblance 1325, 1334, *ressemblance.*

sen 58, 475, *manière de comprendre les choses.*

sen 1346, *son,* les sens 1084, *les siens.*

senter 1042, *sentier.*

sepucre 1784, *sépulcre.*

sermuner: sermuna 45, sermumier 41, *sermoner.*

seur 482, 1685, *sûr.*

sevrer, severerent 1488, *se séparer.*

seye 1356, *soie.*

sil 13, = si le.

sis 366, = si se.

sivre, siverez 345, *suivre.*

soffre 757, 976, suffre 770, 811, *soufre.*

soler: soil 400, *avoir l'habitude de.*

su 587, suth 970, *sud.*

sucurer: sucurest 476, *secourir.*

suÿ 60, *suivi.*

suiller, 1689, *souiller.*

sujurner 324, 1572, *séjourner.*

sulunc 24, sulum 208, *selon.*

sumet 1616, *sommet.*

surdre, surdant 812, surdeit 977, *s'élever.*

surketut 681, en — 1379, *surtout.*

surmettre 711, *ajouter.*

sustenir 1097, sustenu 1744, sustent 1638, susteneit 1390, *soutenir.*

sutil 674, *subtil.*

suzterin 346, *grotte, caverne.*

Syre 149, *Dieu.*

talent, a son — 1349, *désir.*

tant 59; taunt cum 31, *aussi longtemps que ;* a tant 307, *là-dessus ;* itant 270, *autant ;* a itant 639, 1187, *alors ;* par tant 1486, *à cause de cela.*

tantost cum 800, *dès que.*

targer 852, *tarder.*

tenebrur 1299, *obscurité.*

tenir 178, tenu 166, tenez 618, tint 236, tendi 1477, teneyt 530, teneient 954, teneyent 34, teneint 678, tendreit 230, *tenir.*

tens 33, 191, *temps.*

terme 329, 503, *temps, moment.*

terz 696, terce 1117, *tiers, troisième.*

tist 105, *texte.*

tost 10, 268, *vite.*

traire 670, 1494, tret 1052, *tirer;* treire a bon chef 397, *achever, mener à bonne fin.*

trebucher 469, *s'écrouler, renverser.*

tres 1657, tre 292, 1375, *très.*

trespasser 1091, *traverser.*

tresturner 688, *retourner.*

trestut 181, 224, *entièrement ;* trestuz 138, 220, *tous.*

treszeins 1312, *treizaine.*

tristur 1562, *tristesse.*

truver, 21, trovent 1757, truvisez 552, truvast 296, *trouver.*

tucher: tuchisez 712, *toucher.*

tunduz: haut tondu 387, *prince de l'église.*

turment 49, 878, *tourment.*

u 72, *où.*

uele 1322, *égale.*

uelement 1343, 1525, ulement 1336, *également.*

unkes 680, 1224, *jamais.*

unt 411, 412, *où.*

ure 908, 1661, hure 1636, *heure.*
uverir 335, uverte 1204, uverunt
  1756, *ouvrir.*
uvré 1197, uveré 376, *travaillé, fait.*

val 588, *vallée.*
veer 70, veir 1282, ver 589, 1540,
  veü 156, veüz 219, vu 297, veit
  917, veyt 578, veez 853, veeiz
  1054, veiez 931, veyez 340, vist
  38, vit 490, veïstes 1518, virent
  645, veeit 934, verez 406, verrez
  349, *voir.*
veintre 558, veint 1274, *vaincre.*
veir 93, 214, pur veir 619, de veir
  422, de veirs 403, *vrai, vraiment.*
veire 81, 946, *vérité,* de veire 1627,
  en vérité.
venir 336, venu 353, venuz 310,
  vient 1563, vent 1710, (venir a
  plaisir = *plaire),* venent 1567, venunt 1545, vint 95, venistes 506,

vindrent 1252, veneit 1080, veneient 952, verat 135, vendrez
  856, vendrunt 357, vinge 1544,
  venir, avec le gérondif 1563.
veraiment 437, verayment 132,
  verayement 557, *vraiment.*
vers 34, ver 510, 605, *vers.*
vesture 1350, 1363, *vêtement.*
virgine 1496, *vierge.*
vis 758, *visage.*
vis 472, 584, *avis.*
voleir 421, voil 3, volum 629, volez
  273, volent 51, volt 198, vout
  53, voleit 731, voleient 35, voleint
  797, voudray 274, voudra 129,
  voudrum 1103, voudrunt 5, voille
  730, voillie 688, voillez 502,
  vousist 620, vousistes 505, *vouloir.*
voler *s.* 1372, *vouloir.*

weymenter 790, *se plaindre.*

NOMS PROPRES

Adam 1449, 1483.
David 1473.
Deu 19, 29, Deus 1491, Dé 1423.
Engletere 236.
Estevene 235, *Etienne.*
Eve 1484.
Ihesu 1, 43.

Yrlande 25, 111.
Marie 492, 736.
Owein 240.
Patriz 27, 37.
Pere 170, *Pierre.*
Regles 174.
Sepucre 1784, *le Saint Sépulcre.*

CHAPITRE II

CONSIDÉRATIONS SUR QUELQUES VERSIONS FRANÇAISES

Il existe dans l'ancienne littérature française plusieurs versions du *Tractatus de purgatorio sancti Patricii,* tant en prose qu'en vers.

Voici les manuscrits en prose:
1—8. Bibliothèque nationale, fr. 411; 412; 834; 957; 1544; 13496; 19531; 25532.
9—10. Musée brit., Roy. 20 D. VI; Add. 6524.
11—12. Bibliothèque d'Arras 657 (autrefois 139); 307 (autrefois 851).
13. Ms. de la Bibliothèque de la ville de Reims, édité par Tarbé: *Li Purgatoire de Saint Patrice, légende du XIIIe siècle.* (Société des Bibliophiles de Reims, 1842).
14. Ms. de la Bibliothèque impériale, no. 7215, 3.
15. Ms. de la Bibliothèque de Bern, no. 205, fol. 139—147.

Quelques-unes des rédactions en vers ont déjà été publiées:
1. Marie de France. Bibl. nat. fr. 25407, fol. 102a—122d; éd. Roquefort, 1832; Atkinson Jenkins, 1894, 1903. (*F*)
2. Anonyme. 1°. Musée brit. Harley 273. 2°. Bibl. nat. fr. 2198; éd. J. Vising, 1916. (*V*)
3. Berol. 1°. Tours 948; 2°. Cheltenham, bibl. Phillipps 4156; éd. Marianne Mörner, 1917. (*B*)
4. Anonyme. Bibl. nat. fr. 25545; éd. M. Mörner, 1920. (*M*)
Dans la présente publication on trouve:
5. Anonyme. 1°. Bibl. de Cambridge Ee. 6, 11; 2°. Musée brit. Lansdowne 383, feuillet de garde (fragment).
Restent non édités les mss. suivants:
6. Anonyme. Musée brit. Cott. Domit. A. IV. (*D*)
7. Geufroi de Paris. Bibl. nat. fr. 1526.

Quant à cette dernière version française, elle paraît être la mise en vers de la rédaction en prose française la plus répandue au moyen âge. Le ms. *D* a été décrit par Ward [1]).

Voici encore quelques manuscrits conservés dans les départements et dans des bibliothèques de Paris et dont nous devons l'énumération à la bienveillance de Mlle G. Odend'hal, bibliothécaire à la Bibl. Nationale de Paris:

Rouen, Bibliothèque de la ville. Collection Leber, ms. no. 3112. „*Cy commence la très-noble et la très-merveilleuse histoire du Purgatoire de Saint Patrice*". Copie avec titre et figure calqués, par Méon du manuscrit français 1544 de la Bibliothèque nationale. XIXe siècle. Papier. 20 feuillets. 188 sur 120 millim. Cartonné.

Carpentras (Vaucluse), Bibliothèque de la ville, manuscrit no. 106. Recueil. Fol. 1: „Du purgatoire S. Patrice. An che tans ke saint Patrices Li grans preechoit en Yberne.." (Cf. *Romania*, VI, 154; XV, 159, 629). XIIIe siècle. Velin. 150 feuillets, 170 sur 110 millim. Une note insérée au fol. 25 signale que ce manuscrit provient de l'abbaye Saint-Remy de Reims.

Toulouse, Bibliothèque de la ville. Manuscrit no. 984, recueil I. „*Voyage de S. Patrice au Purgatoire*, par Raymond, vicomte de Perilhos et de Rodes, seigneur de la baronnie de Seerdœt, l'an 1348". Papier. 100 feuillets (Provient de la collection Pasbarreaux-Bernard).

Paris, Bibliothèque de l'Arsenal. 1°. Manuscrit no, 2114. Recueil. Fol. 174. *Le purgatoire de saint Patrice.* Commencement:: „Au temps que saint Patrice prescha en Yllande et exaulsa la loy...." Papier. Ecriture du XVe siècle. — 2°. Manuscrit no. 3145. Recueil d'anciennes poésies françaises. Fol. 204: *Le Purgatore saint Patris.* Prologue: „Le Miroer du monde nous dist au commenchement de son livre: Enois moert qui apris ne l'a...." — Commencement: „En che tamps que sains Patrichez ly grans prechoit en Ybernie...." Papier. Ecriture du XVe siècle. De la Bibliothèque de M. de Paulmy. — 3°. manuscrit no. 1009. Recueil de dom Estiennot, tome XVII, p. 135: „Epistola H(enrici), monachi de Salteria, super

---

[1]) *O. l.*, p. 408.

Purgatorio sancti Patricii". Papier. Ecriture du XVIIe siècle.

Pour le moment nous nous sommes contenté d'établir une comparaison entre le texte fragmentaire du manuscrit Lansdowne 383 (*L*) et les passages correspondants du ms. Cambridge EE. *6*. 11 (*C*), les rédactions françaises en vers publiées jusqu'ici *F*, *V*, *B*, *M* et le ms. Cott. Domit., IV, A du Musée britannquie (*D*).

C et *L* présentent la même rédaction; ce qui n'empêche qu'il n'y ait quelques endroits dissemblables, qui, précisément à cause de leurs divergences, offrent un intérêt particulier. *C* vv. 549—550; le copiste de *C* semble avoir sauté deux vers; au lieu de faire suivre „E quant il out" par „le nun numé", comme il convenait sans doute, il aura pris le bout du vers „le nun Jhesu", qui se trouvait quelques lignes plus loin. Evidemment, c'est une inadvertance dont un copiste peut facilement être victime. Une première conclusion s'impose: *L* ne saurait être la copie de *C*. Les vv. 577 et 578 manquent dans *L*; donc *C* ne saurait être la copie de *L*. Tous les deux suivent de très près le texte latin. Les vers 611 et 615 de *C* contiennent l'expression *A la fie (feiz)*, qui correspond au mot *aliquando* du texte latin; dans les autres textes français rien d'analogue. Même remarque pour le vers 583 [1]). Il s'ensuit que la rédaction *CL* n'a été faite d'après aucune des rédactions en vers mises à contribution dans cette étude. En outre, il est facile de constater que les autres textes non plus ne peuvent dériver de la rédaction *CL*: *clousfichez*, *C* v. 607, ne rend pas *candentibus* du texte latin, que *V B M*, *D* traduisent tous par *ardant* [2]). Reste à prouver que *F* non plus n'a été fait d'après la rédaction *CL*. Au v. 569 *C* parle d'une *estrange regiun*, le texte latin donne *vastam regionem* et *F* s'y conforme: *waste regiun* [3]). La conclusion à laquelle Kölbing [4]) est arrivée autrefois paraît être la seule qui soit admissible: les rédactions métriques qu'on connaît jusqu'ici sont indépendantes les unes des autres.

---

[1]) Cumque illuc euntes venissent, ...
[2]) *V* v. 264, *B* v. 300, *M* v. 515, *D* v. 549.
[3]) *F* v. 915.
[4]) Kölbing, *Zwei mittelenglische Bearbeitungen der Sage von St. Patricks Purgatorium, Eng. Stud.*, I, pp. 57—121.

De singulières concordances entre les différents textes ne laissent pas de nous étonner. *C* v. 540 emploie le mot *mesun*; le texte latin: *domum*; *F*: *maisun*; *L B M, D*: *sale* [1]). *C* et *F* se servent donc du même mot; les deux textes, fait assez singulier, présentent les mêmes mots à la rime: *demaintenant grant*. Ce qui frappe d'autant plus que, dans le texte latin, il n'y a rien qui réponde au mot *demaintenant*. Voici quelques rapprochements entre les textes *C* et *V*. Tous les deux donnent le mot *veintre C.* v. 558 et *V* v. 236. Les leçons des vers *C* v. 566 et *V* v. 240 sont identiques, détail frappant, qui du reste a déjà été signalé. Kölbing remarque qu'en tenant compte de la leçon du texte latin (*alii ab aliis discesserunt*) on peut s'expliquer cette coïncidence, le passage latin ne se laissant guère rendre d'une autre façon. La leçon de *D* (*Puis vunt un ça, les autres la*) est bien un peu en désaccord avec le raisonnement de Kölbing. Le fait le plus intéressant de la ressemblance entre les textes *C* et *V*, le voici: *C* v. 578 et *V* v. 246 mentionnent que le chevalier ne voit que des diables [2]); les vers qui expriment cette idée ne se trouvent dans *C* et *V* qu'après la description du vent. Il n'en est pas de même du texte latin: la phrase *nec quicquam preter demones qui eum traxerunt vidit in ea* se place immédiatement après les mots *regio tenebrosa* et par conséquent avant celle qui commence par *Ventus quidem, etc.* Les autres rédactions françaises s'accordent en cela avec le texte latin; coïncidence très curieuse, qui le devient d'autant plus que les mots à la rime sont les mêmes: *freit, veit.* — Le vers 570 de *C*: *N'i aveyt borde ne mesun*, dont nous ne trouvons l'équivalent dans aucune autre version française, ne sert probablement qu'à renforcer la valeur du mot *estrange* du vers précédent, qui ne rend pas suffisamment l'ideé exprimée par *vastam* du texte latin. — *C* v. 571, la leçon de *L* est plus admissible que l'autre; dans le texte latin *R*, on lit: *Nigra erat terra et regio tenebrosa*; on pourrait supposer que *regiun* a été supprimé pour les besoins de la versification; toutefois, ce qui mérite d'être constaté, c'est que le manuscrit latin d'Utrecht est absolument conforme à *CL: nigra erat terra et tenebrosa.* — *C* v. 588 n'a pas d'équivalent

---

[1]) *F* v. 888, *L* v. 540, *B* v. 258, *M* v. 485, *D* v. 488.
[2]) *V* v. 246: Tuz sunt debles quanque il veit,

Berol	Royal 13 B VIII	Cambridge	Harley 3846
vv. 97—80.	fol. 102 r° (Jenkins, p. 80)	VV. 175—178.	fol. 135 v°(Jenkins, p. 18)
Chanoynes i asist de molt diverse guise; L'ordre saynt Augustin fu en lor regle asise.	....et beati patris Augustini canonicos vitam apostolicam sectantes in ea constituit.	Chanoynes riulers puys i mist En honurance de Ihesu Christ, Ke tut dis deivent sanz feintie Des apostles tenir la vie.	.... et canonicos regularem vitam ducentes in ea constituit, (= Arundel; Bamberg et Utrecht: canonicos regulares; Marie de France: Chanoignes riulez, v. 339)
vv. 554—555.	fol. 106 r° (Jenkins, p. 85)	vv. 1145—1148.	fol. 142 v°(Jenkins p. 46)
N'i ot gueres avant alé que tant crust la laur Ke deus charz ne (corr. se) pussent encontrer sanz tristur.	Et ecce post paululum tantum crevit pontis latitudo, ut etiam duo carra exciperet sibi obviantia.	Aprés gueres ne demora Ke tant de laür i truva Ke deus chares i purent aler E sur le punt sei encuntrer.	.... et ecce post paululum latitudo pontis exciperet carrum onustum, et postmodum via erat larga, ut sibi obviarent duo carra. (cf. Marie de France vv. 1381—1386)
vv. 705—708.	fol. 108 v° (Jenkins, p.89)	vv. 1473—1478.	(Ce passage fait défaut dans Harley 3846, Arundel 292, Bamberg, Utrecht et dans le texte de Marie de France.)
En grant honur fu home, mes pas ne l'entendi, Kar le comandement [Deu] mist tost en obli, Par inobedience si grant honur perdi; As ju(ge)menz fu semblance, ceo nus conte Davi.	Et quia, cum in honore esset, non intellexit, comparatus est iumentis insipientibus, et similis factus est illis.	Pur ceo mustra David e dist, Ke le sauter traita e fist, Ke home, kant i fust en honur U le aveit mis sun creatur, Ne tendi pas sa digneté; Pur ceo fud il acomparé.	

dans *L*, mais correspond au texte latin [1]). — *C* v. 590, *en mi iver*; *L*, *en yver*, le latin *in media hyeme*. *L* v. 590 présente un sens dont on cherche en vain l'équivalent dans le texte latin, et ce qui frappe de nouveau, c'est qu'on retrouve la même idée dans *V* v. 253 (*Li debles donc se hasterent*). A rapprocher encore *C* v. 609 de *V* v. 260 [2]).

L'auteur du texte *C* a dû avoir devant lui un texte apparenté au texte latin *R* (groupe α). Mlle Mörner [3]) a donné quelques exemples très probants pour prouver la parenté entre le poème de Berol et le groupe α. Nous nous permettons de citer dans notre tableau les exemples donnés par elle et nous plaçons C en regard.

L'auteur anonyme de la version de Cambridge écrit son poème „En honurance Ihesu Christ," l'histoire étant pleine de bons enseignements pour ses semblables. Fidèle aux habitudes littéraires de son époque, il promet de ne pas mentir. Ne le prenons pas trop au mot: disons qu'il aime à broder; sa version renferme nombre de petits détails qui renchérissent sur son modèle. Ainsi, saint Patrice, tout en faisant ses prières, s'endort devant l'autel. Dieu le transporte endormi dans un lieu désert, où il lui montre la fosse merveilleuse (v. 95 et s.). Lorsque Owein assiste au premier tourment infligé aux pécheurs, le poète a pitié des malheureux:

Tere mangerent le chetifs (v. 612).

et comme ceux-ci implorent un peu de pitié de leurs tortionnaires, il ajoute:

Mes la n'i aveit nul pur veir
Ke vousist de eus merci aveir (v. 620).

Plus tard le héros voit des misérables percés de clous rougis à blanc. Frère H remarque qu'on n'aurait pu mettre un doigt sur leur corps sans toucher de clous; le traducteur parle d'une mince aiguille (v. 709 et s.). Le pont devient *trenchant cum un rasur* (v. 1116). Il tient la sainte Vierge en vénération (cf. vv. 736, 1012, 1083 etc.), culte dont on ne trouve aucune trace dans l'original. Le court passage où il est question de la chute du premier homme donne lieu à tout un dévelop-

---

[1]) Per vallem latissimam.
[2]) *V* v. 260: A terre jurent tous adentz.
[3]) Mörner, *Le purgatoire de saint Patrice* par Berol, Lund, 1917, p. XXIX.

pement sur Adam, Eve, la pomme, et l'auteur en appelle même au psalmiste David (vv. 1449—1484). Mais cette bonhomie dégénère en rabachâge (cf. le neuvième tourment) et ce poème est inférieur sans contredit aux versions de Marie de France et de Berol. Dans le texte *C* Owein devient moine:

> *Et quant il ju d'iloc venu*
> *Abit de moyne a receu* (v. 1786).

C'est du reste la même fin que lui réserve le poème publié par M. Vising:

> *Se rendi en moigniage* (v. 805),

ainsi que la version *M*:

> *De religion print l'abit* (v. 1020).

Pour Marie de France et Berol le héros de leur histoire est avant tout un chevalier. Dans le poème de ce dernier les évêques du paradis terrestre lui disent „ami" et le tutoient:

> *Come preuz has ovré, come biers ovré has* (*T* v. 693),

et pour finir:

> *Al sepulchre s'en veit en dreit pelerinage* (v. 863)
> *En bien et en aumones mist pus tut sun veiage.*

Il est possible que, dans l'idée de Berol, Owein se soit fait moine, mais ce n'est pas sûr. Quant à Marie de France elle n'imagine aucun état préférable à celui de chevalier. Nous savons qu'Owein après son retour de Terre Sainte consulte son roi sur ce qu'il lui reste à faire. Et voici la réponse de son suzerain:

> *Chevaliers seit, si cum il ju;*
> *Ço li loa il a tenir,*
> *En ço poeit Deu bien servir* (vv. 1927—1930).

Et un peu plus loin elle nous dit la fin de son héros, qui

> *.... ne voleit changer son estre,*
> *Moigne ni convers ne volt estre;*
> *En non de chevalier morra,*
> *Ja altre abit nen recevra* (vv. 1793—1796).

Nous constatons que l'œuvre de frère H., dans les rédactions en langue vulgaire, a subi des retouches qui s'expliquent par la mentalité des différents traducteurs et qu'elle s'est allégée dans le texte de l'Université de Cambridge de tout ce qui était superflu pour un public curieux de se renseigner exclusivement sur les aventures d'un grand pécheur au Purgatoire de saint Patrice.

BIBLIOGRAPHIE

A. D'ANCONA, *I precursori di Dante*, Firenze, 1874.

G. ARMITAGE, *The passio of s. Perpetua*, Cambridge texts and studies.

T. ATKINSON JENKINS, *The espurgatoire Saint Patriz of Marie de France, with a text of the latin original. (The decennial publications of the university of Chicago,*vol. VII, 1903).

K. BAUER, *Zu Augustins Anschauung von Fegfever und Teufel. (Zeitschrift für Kirchengeschichte* XLIII, Neue Folge, VI, 1924).

BÉDIER et HAZARD, *Histoire de la littérature française illustrée*, Larousse, Paris, 1923.

R. P. F. BERINGER, S.J., *Les Indulgences, leur nature et leur usage*, Paris. P. Lethielleux, 1925, 2 t.

P. BOISSONNADE, *Du nouveau sur la Chanson de Roland*, Paris. 1923.

A. BOULANGER, *Orphée*, Paris, 1925.

A. BOSSWEL, *An Irish Precursor of Dante*, London. 1908.

NICOLE BOZON, *Les contes moralisés*, publiés par L. TOULMIN SMITH et PAUL MEYER, Paris, 1889.

ANATOLE LE BRAZ, *La légende de la mort chez les Bretons armoricains*, Paris, 1923.

H. BRINKMANN, *Diesseitsstimmung im Mittelalter. (Deutsche Vierteljahrschrift für Literaturwissenschaft und Geistesgeschichte*, 2e Jahrgang 1924, Band II, Heft IV).

F. BRUNOT, *La pensée et la langue*, Masson, Paris, 1922.

GIRALDI CAMBRENSIS *Opera*, edited by J. S. BREWER, J. F. DIMOCK, G. F. WARNER, Rolls Series, 1861—91.

Chronicles of the Reigns of Stephen, Henry II and Richard I ; vol. I, containing the first four books of the *Historia rerum anglicarum* of William of Newburgh, edited from manuscripts by RICHARD HOWLETT, London, 1884; vol. IV, containing the *Chronicle of Robert de Torigni*, edited by RICHARD HOWLETT, London, 1889.

G. CONTENAU, *La civilisation Assyro-Babylonienne*, Paris, 1922.

J. CH. COX, *The sanctuaries and sanctuary seekers of mediaeval England*, London, 1911.

H. W. C. DAVIS, *England under the Normans and Angevins* (1066—1272). London, 1912.

G. DOTTIN, *Louis Eunius ou le Purgatoire de saint Patrice, mystère breton en deux journées*, Paris, 1911.

S. ECKLEBEN, *Die älteste Schilderung vom Fegefeuer des heiligen Patricius*, Halle, 1885.

PH. DE FÉLICE, *L'Autre Monde, mythes et légendes. Le purgatoire de saint Patrice* Paris. 1906.

WENDELIN FOERSTER. *Li dialoge Gregoire lo Pape*, Paris. 1876.

L. Foulet, *Marie de France et la légende du Purgatoire de saint Patrice.* (*Romanische Forschungen* XXII)

J. G. Frazer, *Le Folklore dans l'Ancien Testament*, traduction E. Audra, Paris, 1924.

Freeman, *The history of the Norman conquest of England, its causes and its results*, Oxford, 1867—69.

V. H. Friedel et Kuno Meyer, *La Vision de Tondale*, Paris, 1907.

Godefroy, *Dictionnaire de l'ancienne langue française et de tous ses dialectes du IXe au XVe siècle*, 1881—1902.

—— *Lexique de l'ancien français*, Paris, 1907.

A. G. van Hamel, *Inleiding tot de Keltische Taal- en letterkunde*, Groningen, 1917.

G. Hill, *Some consequences of the Norman conquest*, 1904, Elliot Stock, London.

F. Jacobi Hoochstrati, *De purgatorio.* (*Bibliotheca reformatoria Neerlandia* door Dr. S. Cramer en Dr. F. Pijper; vol. III, *De oudste Roomsche bestrijders van Luther*).

C. Horstmann, *Nova Legenda Angliae*, 2 vol., Oxford, 1901.

Ch. F. Jean, *Le Péché chez les Babyloniens et les Assyriens*, Paris, 1925.

A. Joly, *Etudes anglo-normandes, Gérold le Gallois.* (*Mémoires de l'Académie nationale des sciences, arts et belles lettres de Caen*, 1887—1889).

J. Koch, *Chardry's Josaphaz, set dormanz und petit plet*, Heilbronn, 1879.

Kölbing, *Zwei mittelenglische Bearbeitungen der Sage von St. Patricks Purgatorium*, *Engl. Stud.* I, pp. 57—121.

Körting, *Grundriss der Geschichte der Englischen Literatur von ihren Anfängen bis zur Gegenwart*, 2e Ausgabe, Münster, 1893.

Ed. Koschwitz, *Ueberlieferung und Sprache der chanson du Voyage de Charlemagne à Jérusalem et à Constantinople*, Heilbronn, 1876.

G. Ph. Krapp, *The legend of Saint Patrick's Purgatory, its later literary history*, Baltimore, 1900.

E. Legouis et L. Cazamian, *Histoire de la littérature anglaise*, Hachette, 1924.

E. Mall, *Der Computus des Philipp von Thaun*, Strassburg, 1873.

—— *Zur Geschichte der Legende vom Purgatorium des heiligen Patricius.* (*Romanische Forschungen*, VI, 1881)

J. Marouzeau, *Le Latin*, Paris, 1923.

Meinsma, *Middeleeuwsche bibliotheken*, Amsterdam, 1902.

L. E. Menger, *The anglonorman dialect*, New York, 1904.

Paul Meyer, *Les manuscrits français de Cambridge, I Saint John's College, II Bibliothèque de l'Université*, Paris, 1879.

—— *La vie de saint Grégoire le Grand par le frère Angier.* (Rom. XII, 1883)

E. Montet, *Histoire de la Bible*, Paris, 1924.

M. Mörner, *Le Purgatoire de saint Patrice par Berol*, Lund, 1917.

—— *Le Purgatoire de saint Patrice du manuscrit de la Bibliothèque nationale, fonds français 25545*, Lund, 1920.

Peter Newcome, *The History of the ancient and royal foundation called the Abbay of saint Albans, in the county of Hereford*, London, 1795.

Victor Normand, *La confession*, Paris, 1926.

O'Connor. *St. Patrick's Purgatory, Lough Derg*, Dublin, 1910.

H. Owen. *Gerald the Welshman*. London, 1904.

Matthaei Parisiensis, monachi sancti Albini, *Historia Anglorum*, 2 volumes, publiée par LUARD, 1879.

F. PIJPER, *Geschiedenis der boete en biecht in de christelijke kerk*, 's-Gravenhage, 1891, Dl. I; *ibid.*, 1896, Dl. II, 1e stuk; *ibid.*, 1908, Dl. II, 2e stuk.

—— *De Kloosters*, 's-Gravenhage, Nijhoff, 1916.

—— *Beknopt handboek tot de geschiedenis des christendoms*, 's-Gravenhage, Nijhoff, 1924.

M. K. POPE, *Etude sur la langue de frère Angier*, Thèse, Paris, 1903.

J. H. RAMSAY, *The foundations of England*, 2 vol., London, 1898.

L. RAVENEL, *La vie Seint Edmund le Rei*, Philadelphia, 1906.

Revue des études latines, Paris, 1922 sqq.

Romania, recueil trimestriel, Paris, 1872 sqq.

J. H. ROUND, *Geoffrey de Mandeville : A study of the anarchy*, London, 1892.

J. J. SALVERDA DE GRAVE, *Eneas*, Halle, 1891.

FÉLIX SARTIAUX, *Foi et science au moyen âge*, RIEDER, Paris, 1926.

W. H. SCHOFIELD, *English Literature from the norman conquest to Chaucer*, London, 1921.

A. STIMMING, *Der anglonormannische Boeve de Haumtone. (Bibliotheca normannica VII, 1899)*

PAUL STUDER, *The study of anglo-norman*, inaugural lecture, Oxford, 1920.

—— and JOAN EVANS, *Anglo-norman Lapidaries*, Paris, 1924.

H. SUCHIER, *Ueber die Matthäus Paris zugeschriebene Vie de Seint Auban*, Halle, 1876.

—— *Les voyelles toniques du vieux français*, traduction par CH. GUERLIN DE GUER, Paris, 1906.

F. J. TANQUEREY, *L'évolution du verbe en anglo-français*, Paris, 1915.

TOBLER, *Altfranzösisches Wörterbuch*, aus dem Nachlass hgg. von ERHARD LOMMATZSCH, 1915 ff.

R. VERDEYEN en J. ENDEPOLS, *Tondalus' visioen en St. Patricius' Vagevuur*, 2. vol., Gent, W. SIFFER.

J. VISING, *Etude sur le dialecte anglo-normand du XIIe siècle*, Diss., Upsala, 1882.

—— *La versification anglo-normande*, Upsala, 1884.

—— *Le Purgatoire de saint Patrice des manuscrits Harléien 263 et fonds français 2198*, Göteborg, 1916.

—— *Marianne Mörner, Le Purgatoire de saint Patrice par Berol. (Literaturblatt für germanische und romanische Philologie, XXXIX, 1918)*.

—— *Anglo-Norman Language and Literature*, London, 1923.

E. WALBERG, *Le Bestiaire de Philippe de Thaun*, texte critique accompagné d'une introduction, de notes et d'un glossaire, Lund, 1900.

H. L. D. WARD, *Catalogue of Romances in the Department of Manuscripts in the British Museum*, 1893.

ROGERI DE WENDOVER, *Chronica sive Flores Historiarum*, nunc primum edidit Henricus O. Coxe. M. A., vol. II, 1841.

TH. WRIGHT, *St. Patrick's Purgatory; an Essay on the Legends of Purgatory, Hell and Paradise, current the Middle Ages*, London, 1844.

C. M. VAN DER ZANDEN, *Autour d'un manuscrit latin du Purgatoire de saint Patrice de la Bibliothèque de l'université d'Utrecht*, Neophilologus, 1925.

—— *Un chapitre intéressant de la Topographia Hibernica et le Tractatus de purgatorio sancti Patricii*, Neophilologus, 1927.

ZIELINSKI, *La Sibylle*, Paris, 1924.

DE PURGATORIO SANTI PATRICII [fo. 72a]

Dicitur magnus sanctus Patricius qui a primo est secundus. [Prédication de s. Patrice]
Qui dum in Hybernia verbum Dei predicaret [atque] miraculis
gloriosis choruscaret, studuit bestiales hominum illius patrie
animos terrore tormentorum infernalium a malo revocare
et paradisi gaudiorum promissione in bonum firmare. Eos
vero, inquid relator(um) horum, bestiales esse veraciter
et ipse comperi. Quoniam cum in patria illa fui, accessit ad [L'anecdote de l'Irlandais]
me ante pascha vir quidam cano capite ac decrepita etate
dicens se corpus christi nuncquam percepisse et in illo die
proximo pasche illud velle suscipere. Et quoniam videbat
me monachum et sacerdotem esse, mihi per confessionem
vitam suam velle manifestare, quatinus ad tantum sacra-
mentum securius posset accedere. Et quoniam patrie illius
linguam minime scivimus, interpretem mihi adhibens, eius
confessionem recepi. Qui cum mihi cuncta dixisset que
dicere voluisset et de homicidio mencionem non fecisset,
ipsum interpretem interrogavi si unquam occidisset hominem. Respondit homo nescire se pro certo si pluresquam
quinque homines tantum occidisset. Multos vero a se ita
vulneratos esse asseruit de quibus nesciret si inde obierunt
an non. Ita dixit parvipendens et quasi innocens satis esset.
Nescivit enim homicidium dampnabile esse peccatum. Cui
cum dicerem gravissimum esse peccatum hoc et tali facto
creatorem suum dampnabiliter offendisse, quicquid illi pro
penitencia injungerem, gratanter suscipret et absque ulla
retraccione perficeret. Habent enim hoc quasi naturaliter
homines illius patrie ut sicut sunt alterius gentis hominibus
per ignoranciam ad malum proniores, sic dum se errasse
cognoverint, promciores et stabiliores sunt ad penitendum.
Hec ideo dixi ut eorum ostenderem bestialitatem.

Quam gentem cum beatus, ut predixi, Patricius voluisset [fo. 72b]
et terrore infernalium tormentorum et amore gaudiorum
paradisi avertere et avellere, dicebant ad Christum nuncquam se conversuros nec pro miraculis que videbant ab eo
fieri, nisi aliquis eorum et tormenta illa malorum et gaudia

bonorum posset intueri quatinus rebus visis cerciores fierent quam promissis et predicatis. Beatus vero Patricius Deo devotus et a Deo satis dilectus, devocior pro salute populi tunc in vigiliis et jejuniis et orationibus atque aliis bonis operibus est effectus. Et quidem dum talibus pro salute populi intenderet bonis, pius dominus Ihesus ei visibiliter apparuit, sicut sepius fecit, textum ewangeliorum et baculum unum ei dedit, que huc-usque pro magnis et preciosis reliquiis, ut justum est, in Hybernia habentur. Beatus vero baculus ille pro eo quod illum sancto suo dedit dominus Ihesus, baculus domini Ihesu est vocatus, de quibus in vita sancti Malachie scriptum invenimus. Quicumque vero in patria summus fuerit archiepiscopus, hec habebit quasi pro signo sui presulatus.

Sanctum vero Patricium Dominus in locum desertum eduxit et fossam unam rotundam atque intrinsecus obscuram ostendit ei, dicens quod quisque veraciter penitens et fide armatus fossam illam bona intencione introisset spacio unius diei ac noctis, ab omnibus in ea purgaretur que in tota vita sua commiserat peccatis et quod non solum per eam introiens visurus esset tormenta malorum verum eciam, si fide constans esset, gaudia beatorum. Sicque ab ejus visu Domino disparente spiritali jocunditate est repletus sanctus pater Patricius, tam pro Domini sui apparicione quam pro foss(ion)e illius ostensione, per quam sperabat populum conversum ab errore. Statim vero in illo loco beatus Patricius ecclesiam construxit et canonicos regularem vitam ducentes in ea constituit. Fossam vero illam, que in cimiterio est extra frontem ecclesie orientalem, muro lapideo circumdedit et januas serasque apposuit, ne quis hominum sine ejus licencia per diem vel noctem eam intrare presumeret. Clavem etiam hostii custodiendam exibuit ejusdem ecclesie priori.

Cum vero tempore beati Patricii fossam illam multi introissent penitencia ducti et tormenta se maxima perpessos et gaudia se vidisse testati sunt. Quorum relationes et dicta jussit beatus pater Patricius scribi in ecclesia. Eorum ergo attestacione ceperunt alii beati patris predicationem suscipere, et quoniam ibi homo a peccatis purgatur, locus ille purgatorium vocatur; et quia beato Patricio priusquam alii a Domino ostendebatur, purgatorium sancti Patricii nominatur. Locus autem ecclesie Reglis dicitur.

Post obitum vero sancti Patricii erat prior in illa ecclesia homo quidam sancte conversacionis ita decrepitus ut pre senectute non erat in capite ejus nisi dens tantummodo

[fo.73a

[Fondation d'une église près de la caverne]

[L'anecdote du prieur qui n'avait plus qu'une dent]

unus. Et quia, sicut dicit beatus Gregorius, licet senex sit
sanus, ipsa tamen sua senectute semper est infirmus, vir
iste, ne senectutis sue infirmitate aliis videretur molestiam
inferre, juxta canonicorum dormitorium sibi fecit parari
habitaculum. Porro juniores qui in ecclesia nutriti fuerant
eidem seni sepe ex amore jocundo dicere consueverant:
„Quamdiu in hac vita, pater, vis permanere, quando hinc vis
abire?" Et senex ille: „Mallem, filii, si Deus voluerit, hinc magis
cicius abire, quam tamdiu hic mortaliter vivere. Hic enim
non sentio nisi miseriam, ibi non habebo nisi magnam gloriam." Porro ipsi qui eum interrogaverunt, ut predictum
est, sepe in noctibus angelos in habitaculo illo quo quies-
[fo.73b] cebat senex circa eum cantantes de suo dormitorio audierunt. Cantus autem eorum hunc habebat modum: „Beatus
es tu et beatus est dens qui est in ore tuo, quem nuncquam
te[ti]git cibus delectabilis." Ejus enim cibus erat sal et panis
siccus; aqua vero frigida ejus erat potus, qui tandem ut optavit, feliciter migravit ad Dominum.

Hoc autem sciendum est quod et tempore sancti Patricii   [Initiation au
et aliis poste temporibus multi homines postmodum illud   rituel à suivre]
purgatorium intraverunt, quorum alii reversi sunt, alii
nuncquam redierunt, quia omnino ibi perierunt. Redeuncium autem narraciones et dicta a canonicis loci illius
sunt in monasterio scripta. Est autem consuetudo talis, tam
a sancto Patricio quam ab ejus successoribus constituta,
ut nullus purgatorium illud introeat, nisi qui ab episcopo
in cujus episcopatu est licenciam habeat et qui propria voluntate illud intrare [pro] purgacione peccatorum suorum eligat.
Qui dum ad episcopum venerit et affectum suum ei manifestaverit, prius eum episcopus hortatur ut a tali proposito
revertatur, dicendo ei quod multi illud introierunt qui nuncquam redierunt. Et si sic in proposito perduraverit, preceptis litteris episcopi ad locum pergit. Quas cum prior loci
perceperit et hominis voluntatem cognoverit, mox illi purgatorium intrare dissuadet et ut aliam penitentiam eligat
ammonet, ostendens quod multi perierunt de eis qui illud
intraverunt. Et si post horum ostensionem in proposito
viderit eum omnino persistere, facit eum tunc ecclesiam intrare, ut XV in ea diebus sit orationibus intentus. Circa
finem vero horum dierum prior loci convocat vicinum clerum et populum, sicque missa mane in ecclesia celebratur,
ad quam homo sacra communione munitur; aqua exor-
cizata exorcismis ad hoc officium a beato Patricio et succes-   [fo.74a]
soribus suis constitutis aspergitur et cum processione et
letanie cantu ad hosti[um] predicti purgatorii educitur; et tunc

prior, coram omnibus ei hostium aperiens, et infestacionem
demonum et multorum qui illam fossam introierunt et nuncquam redierunt denunciat perdicionem et periculum. Et si
adhuc intrare voluerit, percepta ab omnibus sacerdotibus benedictione et omnium se commendans orationi propriaque se
manu signo crucis signans, ingreditur; moxque [ostium] a priore
obseratur. Sicque ad ecclesiam processio revertitur, et iterum
mane die altera de ecclesia ad hostium fosse [r]egreditur, hos-
tiumque a priore aperitur. Et si homo reversus invenitur,
ecclesiam cum leticia magna introducitur et iterum aliis
XV diebus in ea orationi est intentus. Quod si eadem hora
qua ingressus est die altera reversum non invenerint, eum
certissime perisse omnino sciunt; sicque hostio a priore
obserato omnes pariter recedunt.

[Le chevalier
Owein]

Contigit autem hiis temporibus nostris, scilicet anno gracie
MCLIII, tempore regis Stephani anno regni sui XIX, militem quendam strenuum de domo et familia dicti regis, scilicet
nomine Owein, de quo presens narracio est, ad episcopum
in cujus episcopatu prefatum est purgatorium confessionis
gratia venire. Quem cum pro peccatis increparet et illum
Deum graviter offendisse diceret, miles graviter doluit atque
condigna penitentia Deo satisfacere excogitavit. Cumque
episcopus ei penitentiam, secundum quod sibi videbatur,
injungere voluisset, respondit: „Dum, ut asseris, factorem
meum in tantum offensum habeam, penitenciam omnibus
penitenciis graviorem assumam. Quoniam quidem ut remissionem merear accipere, purgatorium sancti Patricii volo
intrare.''

Priliminaires

[fo. 74b]

Episcopus ei excogitare hoc dissuasit, sed viriliter animus
militis dissuasioni episcopi minime consensit. Dixit ei episcopus quod multi in eo perierunt qui illud intraverunt purgatorium, sed veri militis animum terror nullus flectere
potuit. Ammonuit episcopus ut monachorum vel regularium
canonicorum habitum susciperet, sed se respondit non esse
facturum donec prefatum intrasset purgatorium. Cum igitur episcopus vidisset eum nullo modo posse a proposito
flecti, per ipsum mittens epistolam, mandavit ecclesie illius
priori quatinus erga eum ageret sicut erga hominem qui
purgatorium intraret agi debuisset. Prior autem proponens
ei aliorum in eo perdicionem et periculum, voluit a proposito militis flectere animum, sed quia corde penituit se Deum
offendisse, flecti a proposito nulla potuit ammonicione;
per instanciam desiderii ardentis vicit dissuasionem prioris.
Prior igitur eum in ecclesiam duxit, in qua XV secundum
morem diebus orationibus vacabat. Sicque a fratribus et

clero vicino ad hoc convocato missa mane celebratur, ad
quam miles communicatus ad fosse introitum aqua benedicta aspersus cum processione et letanie concentu est duc-
tus et aperto a priore hostio, sic coram omnibus dixit eidem
viro: „Ecce hic est locus ille quem cupis introire. Si nostris
adquiesc(er)is consiliis, ab hoc proposito omnino reverteris
et vitam tuam in seculo hoc alio corrig(er)es modo. Hic
enim multi introierunt qui nuncquam redierunt, quia fidei
inconstancia et tormentorum intollerantia omnino et corpore
et anima perierunt. Quod si intrare volueris, dicam tibi quid
primo tamen invenies." Quo respondente: „Pro peccatis meis
intrabo absque retractacione," sic dictum accepit a priore:
„Ecce nunc intrabis in nomine Domini et per cavitatem terre
tamdiu ambulabis, donec in campum exibis in quo invenies   [f. 75 a]
aulam unam artificiosissime fabricatam. Quam cum intraveris, ex parte Dei statim nuncios habebis, qui tibi quid
facies pie indicabunt; et sic te solum relinquentes, de aula
exibunt. Sic enim scriptum habetur evenisse eis qui introierunt ante te." Vir autem virilem gerens in pectore animum,
quod etiam alios absorbuerat, non formidat periculum; vis
in tantum (l. interni) doloris pro peccatis contempnit universa que ei ostenduntur verbis. Culpe que ab eo sentiuntur
intrinsecus contempnunt tormenta que audit exterius.
Armis ferreis munitus qui bellum interfuit jam hominum.
Prius namque sese orationi hominum commendavit, sicque
dextera elevata fronti suo signum sancte crucis impressit,
confidenter atque alacriter per portam intravit, quam
prior foras statim obseravit, sicque processio ecclesiam
rediit.

   Pouam (l. Novam) itaque exercens militiam, pergit miles   [Première
audacter, licet solus, ac diutius per foveam. Ingravescentibus   étape du
magis ac magis tenebris, lucem amisit tocius claritatis.   voyage]
Tandem ex adverso lux parvula cepit eunti per foveam
nitescere viro. Pergens itaque per foveam subterraneam
tandem ad campum pervenit predictum et ad aulam. Lux
vero ibi non habebatur nisi qualis hic vespertin(u)[i]s horis in
hyeme habetur. Aula vero parietem in se non habebat integrum,
quoniam columpnis et archiolis undique erat construct(um)[a]
quasi monachorum claustrum. Cumque circa aulam diucius
ambulasset, mirando ejus structuram mirabilem, ingrediebatur intus et vidit infra ejus septa eam satis mirabiliorem.
Sedens igitur in aula, oculos curiose huc illucque jactavit,
admirans pulcritudinem et apparatum quem in ea vidit.
Sic enim estimavit in hoc seculo aula talis visa ab homine
vel facta nuncquam fuit. Cum itaque (f. 75b) aliquamdiu in

11

[Les quinze
messagers]

ea solus sedisset, ecce XV viri quasi religiosi et nuper rasi
atque albis vestibus amicti domum illam intraverunt et,
salutantes eum in nomine Domini, consederunt. Et tacentibus illis, unus cum eo sic loquebatur, qui quasi prior et
dux eorum videbatur: „Benedictus sit omnipotens Deus, qui
in corde tuo bonum propositum misit et ipse in te perficiat
bonum quod incepit. Et quoniam ad hoc purgatorium pro
peccatis tuis venisti, ut ab ipsis purgeris, aut viriliter agere
ex necessitate compelleris, aut per inerciam et anima et corpore pariter peribis. Mox enim, ut egressi fuerimus hanc
domum, replebitur immundorum multitudine demonum, qui
gravia tibi inferent tormenta et minabuntur inferre graviora. Ad portam qua intrasti illesum te ducturos, si eis ut
revertaris assenseris, promittent, conantes si vel hoc modo
te decipere possi[n]t. Et si quolibetmodo, vel tormentorum
afflictione victus, vel minis territus seu promissis deceptus,
assensum prebueris illis, et corpore et anima pariter peribis.
Si autem fide firmatus, spem totam in Domino posu[er]is
ita ut nec tormentis eorum nec minis nec promissis
cesseris, sed ex corde quasi nichilum contempseris, non solum
ex actualibus peccatis tuis purgaberis, sed etiam tormenta
que parata sunt peccatoribus pro peccatis et requiem in
qua justi letantur videbis. Semper igitur in memoria Deum
habeas; et cum te cruciaverint, invoca Dominum Ihesum
Christum, per invocacionem ergo hujus nominis statim
liberaberis a quocumque tormento(rum) in quo fueris. Tecum
vero hic esse amplius non possumus; Deo te omnipotenti
commendamus." Sicque eorum data benedictione viro recesserunt ab eo.

[Apparition des
démons]

Pro viris ita istis remanet ibi miles solus, ad novi generis
militiam instructus; quoniam quidem obpugnans olim homines (f. 76a) jam presto est certare contra demones. Armis
Christi munitus, expectat quis demonum illum provocet
ad bellum prius. Justicie lorica induitur, scuto fidei protegitur, spe victorie salutisque eterne mens ut capud galea
redimitur; habet et gladium spiritus, quod est verbum Dei,
devote invocando Dominum Ihesum Christum, quatinus
ejus regio munimine sic sepiatur ne ab adversariis infestantibus non superetur. Nec eum boni Ihesu pietas fefellit, que
confidentes in se non consuevit fallere. Cum jam instructus
atque in domo solus sederet animoque impavido pugnam
demonum exspectaret, subito circa domum cepit audir(e)[i]
tumultus quasi totus commoveretur mundus. Etenim si
omnes homines et omnia animalia et bestie simul convocarentur et vocibus pariter suis tumultuarentur, ut sibi est

visum, majorem non facerent tumultum. Unde nisi virtute
divina protegeretur et a viris predictis commodius in-
strueretur, ipso tumultu a(rgu)mentaretur. Et ecce post horridum sonum talis auditus subsequitur et horribilis demonum visus; visibiliter enim cepit undique multitudo et
innumera demonum formarum deformium in domum illam
irruere, cachinando ac deridendo illum salutare, et jam ei
quasi per obprobria dicere: „Alii homines qui nobis serviunt
non nisi post mortem ad nos veniunt, unde eo magis grates
debemus tibi scire et majorem mercedem pro servicio tuo
tibi reddere quod nostram societatem cui studiose deser-
visti in tantum honorare voluisti, ut sicut alii homines nolue-
ris expectare, sed vivendo corpus tuum et animam nobis
tradere; ut majorem mercedem acciperes hec fecisti, recipies
a nobis habundanter que meruisti; huc venisti, ut pro
peccatis tuis tormenta sustineres; habebis nobiscum pressuras et dolores. Verumptamen pro hoc quod nobis ser-
vieris (f. 76*b*), si nostris adquiescendo consiliis et illesus
reverti volueris, hoc tibi pro munere faciemus, quod ad portam qua intrasti illesum te deducemus, quatinus vivus adhuc in mundo gaudeas, ne totum quod suave est corpori
tuo funditus amittas." Hoc ei ideo dixerunt, quia aut terrore
aut blandimentis eum decipere voluerunt. Sed Christi miles
nec terrore eorum concutitur nec blandimentis seducitur.
Eodem enim animo Christi miles et terrentes contempnebat
et blandientes atque sedendo omnino tacuit nec vel unum
verbum eis respondit. Contempni se videntes, fremebant in [L'épreuve]
eum struxeruntque in domo maximi incendii rogum. Post
hec manus et pedes militis ligaverunt, ligatumque in ignem
projecerunt uncisque ferreis huc illucque per incendium
traxerunt clamantes. At ille tam regis sui munimine septus,
quam a viris prefatis nuper instructus, spiritalis milicie artem
minime est oblitus. Cum enim adversarii hoc incendio eum
prosternere conati sunt, quasi asaltu primo nomen Ihesu
pii invocavit sicque se de eorum asaltu defendit. Primum
in ignem missus tormentum grave sensit, et in ipsa angustia
bonum nomen nominavit. Ita vero est extinctus tocius incendii
rogus, ut post invocacionem domini Ihesu nec scintilla
inveniretur tocius ignis. Quod cernens, miles audacior efficitur
contra hostes: hoc in animo proposuit quod abs tunc non
formidaret quos per invocacionem Christi nominis ita vinci
conspexisset.

Relinquentes igitur demones domum cum ejulatu et [Premier tour-
tumultu horrido, militem inde traxerunt. Egredientes vero ment]
alii ab aliis discesserunt; quidam eorum militem per vastam

regionem diucius secum traxerunt. Nigra erat terra et regio
tenebrosa, nec quicquam nisi demones, qui eum traxerunt,
vidit in ea. Ventus tamen unus ibi talis fuit qui (f. 77a) vix
audiri posset, sed sui rigiditate, ut sibi videbatur, corpus
suum perforavit. Versus locum illum recto tramite militem
traxerunt quo sol oritur longioribus diebus in estate. Cumque illuc venissent quasi in mundi fine, ceperunt dextrorsum
converti et quasi per vallem latissimam contra austrum
tendere, scilicet contra locum quo sol oritur brevioribus
diebus in hyeme. Illucque convertendo cepit quasi vulgi
tocius terre miserrimos clamores, ejulatus fletusque audire,
et quo magis illuc approximabant eo clariores ac multi-
plices clamores fletuum audivit. Tandem tractu demonum
latissimum longissimumque pervenit in campum dolore
ac miseriis plenum. Finis campi illius pre sua longitudine
non potuit videri a milite. Ille itaque campus hominibus
utriusque sexus diverseque etatis, nudis in terra jacentibus
erat plenus; quorum corpora et corporum membra super
terram extendebantur et ventre ad terram verso, clavis
ferreis candentibusque per manus ac pedes defixis, miserabiliter tenebantur. Aliquando pre doloris angustia terram
commedebant, aliquando cum fletu et ejulatu „parce, parce"
vel „miserere, miserere" clamabant. Sed qui suorum ibi misere-
retur non habebant. Demones eciam inter et super eos currentes, flagris eos gravioribus cedebant. Dicunt illi demones:
„Hec tormenta que vides senciendo pacieris, nisi nostris
adquieveris consiliis: hoc est, ut a proposito cesses ut revertaris; et si ita volueris, ad portam qua intrasti a nobis pacifice deduceris, et sic illesus abibis." Ille vero mente retinens
qualiter alibi ab eis Deus liberavit, hoc omnino contempsit.
Illi vero in terra illum prost(e)r(n)averunt et clavis figere,
ut alii erant, conati sunt; sed invocato Ihesu nomine ei in
loco illo amplius facere nequiverunt. (f. 77b). Inde vero ad
campum alium ceperunt trahere illum, majori miseria repletum. Iste itidem campus hominibus utriusque sexus diverseque etatis, clavis fixis, erat plenus. Inter istos et alios qui
in alio campo erant diversitas eorum erat ista, quod
illorum quidem ventres, istorum terre herebant dorsa.
Dracones igniti super alios sedebant et quasi comedentes
eos modo miserabili dentibus ignitis mordebant,; aliorum
autem colla, vel brachia, vel corpora, serpentes igniti cinxe-
runt et capita sua pectoribus hominum aponentes, ignitum aculeum oris sui in cordibus infixerunt. Bufones eciam
mire magnitudinis et quasi igniti visi sunt super quorundam pectora insistere et rostra sua deformia infigentes,

quasi eorum corda conati sunt extrahere. Qui in hoc clavis fixi erant a fletu et ululatu nuncquam cessabant. Demones vero inter et super eos transitabant et flagris eos cedendo vehementer cruciabant. Fines campi hujus non vidit, quoniam pre longitudine eos videre non potuit, nisi in latitudine, qua intravit et exivit. In traversum campos pertransivit. „Hoc, inquiunt demones, quod vides pacieris, nisi nobiscum ut revertaris assenseris." Cumque eos contempsisset, conati sunt sicut superius clavis eum figere, sed non potuerunt invocato ab illo nomine Ihesu. Inde igitur trahentes, eum [perduxerunt] usque ad tertium ca[m]pum miseriis [Troisième plenum. Iste etiam campus hominibus utriusque sexus diver- tourment] seque etatis erat plenus, qui ita in terra clavis ferreis candentibusque fixi jacebant, ut pre multitudine clavorum ignitorum a capitis summitate usque ad digitos pedum locus vacuus non inveniretur, quantum digiti unius summitate tegeretur. Isti vix vocem ad clamandum formare potuerunt, sed sicut homines qui morti proximi sunt, ita (f. 78a) utcumque vocem emiserunt. Nudi et isti sicut ceteri esse videbantur, et vento frigido et urente flagrisque demonum cruciabantur. „Hec, inquiunt demones, tormenta pacieris, nisi nobis ut revertaris assenseris." Et cum eum clavis figere voluerunt, invocavit nomen Ihesu, et ei amplius facere non potuerunt.

Transeuntes igitur, pervenerunt ad quartum campum mul- [Quatrième tis ignibus plenum, in quo omnia genera invenerunt pena- tourment] rum. Alii suspendebantur per pedes catenis igneis. Alii per manus, alii per capillos, alii per brachia, alii per tibias, capitibus in ymis versis et sulfureis flammis immersis; alii ignibus pendebant uncis ferreis in oculis, vel auribus, vel naribus, vel faucibus, vel mamillis aut genitalibus infixis; allii fornacibus sulfureis cremabantur; alii quasi super sartagines urebantur, alii verubus igneis infixi ad ignem assabantur, quos alii demones igni appositos verterunt; alii diversis metallis deguttaverunt. Demones omnes flagris ceciderunt, nulli parcere voluerunt. Omnia genera tormentorum que excogitari possunt in quodam modo esse visa sunt. Ibi de sociis quondam suis quosdam invenit et bene cognovit. De ejulatibus et fletibus et clamoribus quos audivit nulla vox hominum dicere ex toto sufficit. Hii autem campi non solum cruciati(bus)[s] hominibus, sed etiam excrucia[n]tibus demonum erant pleni. Cumque illum ibi cruciare voluissent, nomen Ihesu invocavit et quia se ex eorum crucia[n]tibus sic extorsit.   [Cinquième
Inde igitur descendentes vidit ante se maximam rotam tourment]

ferream et igneam, cujus radii et canti uncis igneis undique
erant circumsepti, in quibus singulis pendebant homines
quasi fixi. Rote vero hujus medietas sursum in aere stabat,
alia medietas in terra (f. 78*b*) deorsum erat. Flamma autem tetri sulphureique incendii(que) de terra circa illam
surgeba(n)t et pendentes in ea miserrime ardebat. „Hec,
inquiunt demones, que isti tollerant pacieris, nisi reverti
volueris. Que tamen tollerent prius nunc videbis." Demones
igitur ex utraque parte alii contra alios steterunt et alii
in utraque parte vectes ferreos inter radios rote impingentes, rotam levaverunt; alii ex alia parte vectes ferreos
impingentes, eam depresserunt deorsum tantaque sic eam
velocitate voluerunt, ut nullum omnino ab alio visu possent
discernere, quia pre nimia cursus celeritate videba(n)tur
quasi ignis esse. Planxerunt miserrime et fleverunt omnes
qui rote infixi fuerunt. Cumque eum super *rotam* jactassent
et eum in aere rotanto (*sic*) levassent, in descensione rote
nomen Christi invocavit et statim de ea descendit. Et quia
post invocacionem Christi nominis aliquid ibi facere ei ultra

[Sixième tour-
ment] nequiverunt, inde illum extrahentes processerunt. Ecce
vidit ante se domum unam grandem quasi fornacem fumigantem, cujus altitudo fuit nimia, longitudo tanta ut illius
non videri ultima. Cum vero versus eam horribiliter tractu-
rus| esset et adhuc ab ea aliquantum longius esset, pre
nimio calore qui inde exibat, volens procedere non poterat.
Dixerunt ergo ei demones: „Quid subsistendo tardas? Balnearium est, quod vides; velis nolis, illuc progredieris ut
cum eis qui ibi sunt balnieris." Ceperunt autem de domo illa
miserimi vagitus emitti, fletus et planctus audiri. Intrans
autem domum illam, vidit visionem duram. Etenim domus
illius pavimentum rotundis fossis erat plenum, de quibus
alie aliis sic coheserunt quod inter ipsas vix via aliqua patuit (f. 79*a*). Erant autem fosse singule metallis diversis
ac liquoribus bullientibus plene. In quibus utriusque sexus
diverseque etatis erat demersa hominum multitudo maxima,
quorum alii omnino erant immersi, alii usque ad supercilia,
alii usque ad oculos, alii usque ad labia, alii usque ad colla,
alii usque ad pectus, alii usque ad umbilicum, alii usque ad
femora, alii usque ad genua, alii usque ad tibias, alii tantum
uno pede in metallo bulliente stabant. Alii unam manum
vel utramque in eis tenebant. Omnes pariter pre dolore
conclamabant, omnes miserabiliter flebant. „Ecce, inquiunt
demones, cum istis balneaberis, nisi reverti volueris." Et
cum cepissent eum in fossam unam mergere, invocato ab

[Septième tour-
ment] eo Christi nomine, ceperunt inde procedere. Et inde protra-

hentes illum perrexerunt contra montem unum, in quo
utriusque sexus diverseque etatis super digitos pedum
curvatam tantam vidit sedere multitudinem nudorum hominum, quod pauci viderentur ei omnes quos antea viderat ad
comparacionem eorum. Omnes vero quos vidit ibi, quasi
mortem cum tremore exspectantes ad aquilonem erant
versi. Cumque ille miraretur quid hec multitudo prestolaretur, unus demonum dixit ad eum: „Miraris fortasse quid
cum tanto tremore exspectat populus iste? Nisi reverti volueris, scies hoc certissime." Vix demon verbum finierat, et
ecce ab aquilone ventus turbinis vehementis veniebat, qui et
ipsos et quem ducebant omnemque populum illum arripuit
et in flumine fetido ac frigidissimo flentem et ejulantem
longe in alia montis parte jactavit, in quo nimio frigore
vexabantur. Et cum de aqua surgere niterentur, currentes
desuper aquam demones in ipso flumine immerserunt omnes.
At miles nomen Christi invocavit et statim se in alia ripa
invenit.

Accedunt ad eum demones contra austrum (f. 79*b*) illum trahentes. Et ecce ante[se]vidit flammam tetram et sulphure(am)[o] (Huitième tour-
fetore fetidam quasi ascendere et quasi homines nudos et ment]
igneos utriusque sexus diverseque etatis sicut scintillas
ignis sursum in aere jactare, qui et flammarum vi deficiente
iterum ceciderunt in puteo et igne. Quo approximantes,
dixerunt militi demones: „Iste flammosus puteus inferni
est introitus; in hoc loco nostrum est habitaculum. Et quoniam nobis huc-usque servisti, hic sine fine manebis nobiscum. Omnis enim qui nobis servit hic sine fine nobiscum
manebit. Et si hoc inferni os intraveris, et anima et corpore
pariter peribis; si tamen adhuc nobis assenseris ut revertaris
ad portam qua intrasti illesus a nobis deduceris. Illo autem
de Dei adjutorio presumente illorumque promissa con-
tempnente in igne putei se jecerunt secumque militem in
eo traxerunt; et quo profundius in puteum descendit, eo
laciorem illum intrinsecus vidit et eo graviorem penam
sensit. In eo vero tantam sensit miles angustiam ut pene
pre nimietate angustie et doloris omnino oblitus sit sui adjutoris. Deo autem oppitulante nomen Ihesu Christi invocavit
statimque vis flamme eum cum reliquis sursum in aere
elevavit. Sicque in descensione juxta puteum solus aliquan-
diu stetit. Ecce demones alii et ab eo, ut ita dicam, incogniti
de puteo procedentes advenerunt eique ita dixerunt: „Et
ibi stas? Quod hic esset infernus, socii nostri tibi dixerunt;
sed consuetudinis nostre est semper mentiri, ut decipiamus
per mendacium quos decipere non possumus per verum.

Hic non est inferni locus, sed nunc ad infernum te deduce
mus." Inde igitur cum tumultu magno eum extraxerunt,
sicque ad flumen unum latissimum pervenerunt. (f. 80a).
Erat autem flumen illud totum flamma quasi sulphurei
incendii coopertum atque demonum multitudi[n]e plenum.
Dixerunt ergo ei: „Sub isto flammante flumine scias infernum esse." Ultra flumen autem quod videbatur pons unus
protendebatur. Dixeruntque demones ad militem: .,Oportet
te nunc ambulare super hunc pontem et per nos ventus
ille qui te dejecit in flumine alio deiciet te in isto; et
statim a sociis nostris qui in flumine sunt capieris et in
profundum inferni demergeris. Prius tamen habes probare
quale sit super pontem ambulare." Et tenentes ejus manum
fricaverunt super pontem illum. Et ecce in ponte illo
erant tria transeuntibus valde dubitanda: primum, quod
ita lubricus erat, ut etiam latus esset, nullus aut vix quis
in eo pedem figere posset; aliud, quod ita strictus fuit
quod pedibus in eo stare vel ambulare nullus potuerit;
tertium, quod pons ille ita altus erat a flumine quod horridum esset deorsum aspicere. „Si tamen, inquiunt, nobis adhuc assenseris ut revertaris, ad portam qua intrasti illesus
a nobis deduceris." Cogitans autem ille de quantis eum pius
Ihesus liberavit antea periculis, invocato ejus sanctissimo
nomine cepit pedetentim prius super pontem ambulare.
Quo vero super pontem ambulavit amplius eo ambulavit
securius: quo enim in eo magis ambulavit eo viam largiorem invenit. Semper etenim ut ambulavit latitudo vie ex
utraque parte crevit. Et ecce post paululum latitu[do]
pontis exciperet carrum honustum et post modicum via
erat ita larga, ut sibi in ea obviarent duo carra. Porro
demones qui eum adduxerunt ad ripam fluminis restiterunt,
et videntes militem libere abire, vocibus suis ibi aerem
concusserunt horrende (f. 80b) ut magis esset vocum illorum terrore percussus quam tormentorum illacione antea
fuerat excruciatus. Alii demones, qui sub ponte in flumine
erant, uncos suos ad illum jactaverunt, sed illum tangere
non potuerunt. Secure tandem processit, quia sibi nil obsis-
tere invenit; sicque latitudine pontis excrescente flumen
respexit ex utraque parte a longe.

Procedens igitur miles jam liber a demonum vexacione,
vidit ante se murum unum de terra altum erectum in aere.
Erat autem murus ille mirabilis et incomparabilis structure.
In quo muro portam clausam unam videbat, que metallis
lapidibusque preciosis ornata mirabili choruscacione radiabat.
Ad quam cum appropinquasset et adhuc quasi spacio dimi-

dii miliaris abesset, porta illa contra illum patuit et tante
suavitatis odor(e) occurrens per eam exivit ut, sicut videbatur
ei, res tocius mundi converteretur in aromatibus, non vincerent magnitudinem suavitatis hujus. Tantasque vires percepit ex illa suavitate, ut tormenta que antea pertulit, ut
sibi videbatur, jam sine angustia posset sustinere. Respiciensque infra portam, vidit patriam claritate solis splendorem vincente lustratam. Vidit, et introire concupivit. Beatus
vero miles cui talis porta venienti patuit; nec eum fefellit
qui eum eo venire permisit quia ejus mox desiderium com-
plevit. Cum enim adhuc aliquantulum longius esset a porta,
egressa est contra eum cum crucibus, vexillis cereisque et
quasi palmarum aurearum ramis processio talis ac tanta
quanta in hoc mundo, prout estimavit, nuncquam est visa.
Vidit quasi hominum formas de omnibus ordinibus diverseque etatis utriusque sexus. Vidit alios quasi archiepiscopos (f. 81a), alios ut episcopos, alios ut abbates vel monachos atque alios quasi presbyteros et singulorum graduum
ecclesie ministros, sacris vestibus suis ordinibus congruentibus indutos. Omnes vero, tam clerici quam laici, forma vestium videbantur esse vestiti in quibus servierunt Christo
dum fuerunt in hoc seculo vivi. Militem vero cum magna
veneracione et leticia susceperunt, sicque cum concentu
seculo inaudite armonie secum illum perducentes, infra portam redierunt. Finito vero concentu qui illum introduxerunt,
duo quasi archiepiscopi patriam ei ostensuri, in suo eum
ductu et comitatu susceperunt. Qui cum eo loquentes, primo
benedixerunt Deum, qui tanta constancia contra tormenta
per que transiit et que pertulit, ejus confirmavit animum.
Ipsis igitur per patriam illum ducentibus huc illucque pertransivit, et multo plura quam dicere potuit in illa jocunda
prospexit.

Vidit tamen patriam tanta claritate lucis lustratam ut,
sicut lumen lucerne cecatur splendore solis hujus, sic sol
meridianus, ut sibi erat visum, obtenebraretur pre nimia
claritate lucis illius. Fines patrie pre nimia longitudine
scire non potuit, nisi tamen ex ea parte qua per portam intravit. Erat autem et patria tota quasi amena prata atque
virencia, diversis floribus fructibusque multiformium herbarum arborumque decorata, ex quorum tamen odore sine
fine, ut sibi videbatur, vixisset, si ibi sine fine manere potuis-
set. Nox illam nuncquam obscurat, quia semper splendor
puri celi desuper in ea indicibili claritate rutilat tantamque
ibi vidit utriusque sexus hominum multitudinem quantam
in hac vita vidisse antea neminem putabat. Alii in hiis, alii

in illis locis per conventus distincti commanebant et tamen,
prout voluerunt, alii de istis (f. 81*b*) in illis, alii de illis in
istis catervis cum leticia transibant, sicque fiebat ut et alii
de aliorum visione gaudebant et alii de aliorum visitacione
exultabant. Chori choris per loca astiterunt dulcisque armonie concentu Creatorem suum laudaverunt. Et sicut stella
ab alia differt in claritate, ita erat differencia varia in eorum
vestium et vultuum nitore. Alii enim amictu nitebantur
indu[t]i aureo, alii viridi, alii purpureo, alii jacinctino, alii
ceruleo, alii candido, forma tamen habitus qua singuli
utebantur in hoc seculo; forma enim vestis novit miles
cujus ille vel ille fuerit in seculo ordinis. Quorum habitus
varius color varie pocius videbatur esse claritatis splendor;
hoc enim quod videbatur esse vestium color et forma, videbatur vestis uniuscujusque pocius esse nitentis claritatis
gloria. Alii quasi *reges coronati incedebant,* alii in manibus
palmas aureas ferebant. Tantorum in requie militi fuit
delectabilis suavisque auditus. Undique sanctorum audivit
concentum laudes Dei personancium; singuli autem de
propria felicitate gaudebant, singuli de singulorum gaudio
et erepcione exultabant. Tantusque patriam odor reple-
verat suavitatis ut ipsa suavitatis fragrancia viderentur
sustentari habitantes et ambulantes in ea. Ibi videbantur
mansiones variorum conventuum vel singulorum; erant
singule magnitudine lucis replete. Omnes vero qui militem
intuebantur, Deum benedicentes de ejus adventu quasi
de fraterna erepcione a morte gratulabantur. Videbatur
quodammodo ibi de ejus adventu quasi nova exultacio
fieri: unusquisque in patria illa exultavit, undique sanctorum melodia resonabat, nec estum nec frigus ibi sen-
tiebat (f. 82*a*), nec quod offendere vel nocere posset ibi
quicquam videbat. Omnia ibi pa[ca]ta, omnia placita,
omnia grata. Multo plura in beatorum requie oculis suis
vidit quam in hac vita de ea unquam vel quam quis inde
scire possit.

[Allocution des
archevêques] Conspectis tandem locis multis et sanctorum conventibus
atque eorum ab eo auditis [cantilenis] suavibus, pontifices qui
ei patriam ostenderunt, ab aliis seorsum subtrahentes, militi
ita dixerunt: „Ecce, frater, Deo auxiliante vidisti que videre
desiderasti, vidisti enim huc veniendo tormenta peccatorum,
vidisti hic et requiem beatorum. Benedictus autem sit
Creator et redemptor omnium, qui tale tibi dedit propositum, cujus gratia constanciam habuisti in tormentis per que
transisti: et quoniam ejus gratia et virtute ad nos perductus
es, de singulis que vidisti rationem aliquam a nobis audire debes.

Patria ista est terrestris paradisus, unde pro peccatis
ejectus est primus homo. Hinc Adam expulsus in miseriam illam in qua homines nascuntur est projectus. Postquam enim Deo subici per precepti obedienciam noluit,
celica gaudia que in hoc loco positus contemplabatur, ultra
videre non potuit. Hic verba Dei sedulo audierat cordis
mundicia et celsitudine visionis hic beatorum angelorum
spiritibus intererat. Cum vero per inobedienciam cecidit,
et lumen mentis quo lustrabatur ab eo recessit. Ex cujus
carne nos omnes nati sumus in miseria, sed tamen per fidem
Domini nostri Ihesu Christi quam in baptismate suscepimus,
redivimus in hanc patriam. Vitam aliam esse credidimus
per [spiritum] sanctum; quam esse non potuimus scire sicut
ille per experimentum. Verumptamen quoniam post fidei
suscepcionem multis actualibus peccatis implicati sumus,
non nisi per purgacionem tor[men]torum per que transisti
huc venire potuimus; penitenciam enim quam ante mortem, (f. 82b) vel in morte suscepimus et minime perfecimus,
(cum) [in] illis locis penalibus, alii majori, alii minori spacio
temporis secundum modum et quantitatem culparum tormenta luendo peregimus. Omnes vero qui in hac requie
sumus, in illis locis pro peccatis nostris fuimus. Sic et omnes
quos in singulis locis penalibus vidisti, preter eos qui infra
os putei infernalis sunt, post purgacionem ad hanc in qua
nunc sumus requiem pervenientes salvi tandem erunt. Omni
vero die seculi inde purgati huc ad nos veniunt aliqui, et
nos eis obviam venimus, sicut et tibi fecimus, et eos in
hanc requiem introducimus. De eis vero qui ibi sunt
alii aliis majori vel minori tempore erunt. Qui vero bene
purgati de corpore exeunt, statim huc ad nos veniunt.
Nullus autem eorum qui in penis sunt novit quamdiu ibi
demoraturus sit: per missas vero et psalmos, et orationes
et elemosinas quociens pro eis fiunt, aut eorum tormenta
minorantur, aut de ipsis tormentis in minoribus transferuntur, donec omnino per talia beneficia liberentur. Et cum in
hanc patriam venerint, quamdiu hic mansuri sint, nesciunt.
Nullus enim nostrum hoc scire potest de se quamdiu hic
debeat esse. Sicut enim in locis penalibus secundum quantitatem culparum percipiunt remorandi ibi (et) spacium, ita
et qui hic sumus secundum merita bona minus plusve hic
morandi spacium percepimus. Et licet a penis simus liberati
(et) liberi tamen ad supernam celi leticiam ascendere nondum sumus digni; quamdiu tamen hic quis moraturus sit,
nullus de se novit. Ecce hic, ut vides, in magna requie et leticia sumus, sed post spacium a Deo constitutum singulis

hinc transibimus. Cotidie enim societas nostra crescit et cotidie decrescit. Sicut (f. 83*a*) enim cotidie aliqui de tormentis purgati huc ad nos veniunt, ita et hinc a nobis in paradiso terrestri constitutis, in paradisum celestem ascendunt."

[Paradis céleste] Pontifices vero perducentes illum in montem unum, jusserunt illi ut sursum aspiceret; quo cum aspexisset, interrogaverunt eum cujusmodi coloris esset celum contra locum in quo staret. Respondit miles coloris aurei esse simile ardentis in fornace. „Hoc, inquiunt, quod nunc vides, introitus est celi et porta celestis paradisi. Quando aliqui a nobis recedunt, hic in celum ascendunt. Quamdiu hic manemus, cotidie pascit nos celesti cibo Dominus; quali autem hic pascimur cibo, jam sencies nobiscum gustando." Finito vix hoc sermone quasi flamma ignis de celo descendit, que, ut sibi videbatur, patriam cooperuit, et, quasi per radios super singulorum capita descendens, tandem in eis tota intravit. Super militis vero capud ita descendit et in eo sicut in aliis intravit et tantam inde delectacionis suavitatem in corde et corpore sensit ut pene pre nimia suavitate delectacionis non intellexerit utrum vivus an mortuus fuerit, sed hora illa cito pertransiit. „Hic, inquiunt, est cibus ille unde semel a Deo cotidie pascimur. Qui vero in celum ascendunt, hoc perfruuntur sine fine." Ibi miles libenter mansisset, si permanere lucuisset (*l.* licuisset). Sed post talia et tam jocunda referuntur ei tristia. „Quoniam, inquiunt, ex parte jam vidisti que videre desiderasti, requiem scilicet beatorum et tormenta peccatorum, oportet jam ut nunc redeas eadem via qua huc veneras. Et si bene amodo in seculo vixeris, securus esto quod huc ad nos venies, quando de corpore exieris. Si autem, quod absit, mala vixeris vita, vidisti quanta te exspectant tormenta. In isto autem reditu (f. 83*b*) quo nunc redibis nec demones nec tormenta formidaveris, quia demones non audebunt ad te accedere, nec tormenta que vidisti te poterunt ledere." „Hinc, ait miles lugens, recedere non potero, quia, si hinc recessero, ne per fragilitatem aliquid admittam quod huc me venire impediat timeo." „Non, inquiunt, sicut tu vis, erit, sed sicut Ille qui et te et nos fecit voluerit." Merens igitur ac lugens ad portam reducitur, et contra voluntatem inde egressus, porta statim [Le retour du chevalier] post eum clauditur. Via igitur rediit qua venit, donec ad aulam prenominatam pervenit. Demones vero quos in ipso reditu vidit, quasi timentes eum, ab illo fugerunt, et tormenta per que transiit illi omnino non nocuerunt. Et cum intraret in aulam super columpnas structura mirabili factam in qua post visitacionem sanctorum ei occurrit antea multitudo demonum, statim occurrunt illi iterum XV predicti viri, laudantes Deum de bona constancia quam contulit ei. „Per laborem, inquiunt, quem sustinuisti a peccatis es purgatus; nunc aut[em] oportet ut hinc ascendas quamtocius; jam enim in tua patria diurne lucis clarescit aurora, et nisi prior post missam portam aperiens te invenerit, de reditu tuo ultra diffidens, obserata porta in ecclesiam redibit." Sicque accepta ab eis benedictione, prout potuit, ascendere festinavit. Eademque hora qua prior portam aperuit et militem ibidem promptum invenit, eum cum omni gaudio et leticia magna suscipiens in ecclesiam introduxit; ibi iterum XV diebus in orationibus permanere fecit. Sicque cruce in humero accepta Ierosolimam perrexit, et, inde rediens, regem dominum suum consulturus adiit, ut ejus consilio secundum illum religionis ordinem exinde viveret quem rex ipse (f. 84a) illi laudaret. Diebus autem illis [La mission de quibus circa regem ipse miles moraretur pro causa hujus, Gilbert] pie memorie abbas Gervasius Ludensis cenobii, qui ab eodem rege locum ad construendam abbaciam adquisivit, monachum suum nomine Gilebertum de Luda, qui postea fuit abbas de Basingewerc apud eundem regem in Yberniam misit, ut et locum susciperet et abbaciam inciperet. Cum ergo ad regem venisset, conquestus est quod patrie illius linguam nesciret. „O, inquid rex, Deo auxiliante bonum tibi interpretem inveniam." E[t] vocato milite ipso jussit ei rex ut maneret cum eodem Gileberto. Nec renuit miles, sed consensit regique domino suo ita dixit: „Gratanter debeo eis servire, et gaudenter debetis monachos Cisterci ordinis in terra vestra suscipere, quoniam, ut vera fatear, in alio seculo in tanta gloria non vidi homines alios in quanta vidi esse illos." Sicque miles cum ipso Gileberto mansit, sed nec monachus vero conversus esse voluit, quin pocius servum se domui reddidit. Abbaciam igitur construere ceperunt, et duobus annis et dimidio in ea simul manserunt. Gilebertus domus illius erat celerarius, miles vero in omnibus negociis minister fidelis et interpres fuit ei devotus. De ipso vero milite Gilebertus testatur quod sancte et religiose vixerit, quamdiu cum eo morabatur. Quando vero solus alicubi cum eo fuit, hoc illum sepe pro edificacione narrare fecit. Postea vero monachi qui [cum] eo missi fuerunt illum locum reliquerunt et ad Ludense cenobium in Angliam redeuntes, militem sancte honeste viventem in Hybernia dimiserunt.

Hec cum ipse Gilebertus coram multis, me (f. 84b) audiente, [Témoignage sicut sepe a milite audierat pro edificacione retulisset, unus de Gilbert]

affuit qui hec ita esse se dubitare dixit. Cui Gilebertus ita
respondit: „Sunt quidam, inquid, qui dicunt intrantes, cum
aulam primam intraverint, in extasi fieri et predicta ab
eis in spiritu videri. Quod quidem miles omnino non concedit, quia corporaliter oculis hec se vidisse et in corpore
corporaliter pertulisse dicit." Adjecit Gilebertus: „Si non credis
que ab eo audivi, crede saltem quod ab oculis meis vidi.
In domo cui prefui monachum satis religiosum vidi qui, cum
bonis operibus toto corde esset intentus, a demonibus, qui
ei invidebant, dormiens de dormitorio corporaliter est delatus; qui ita, nescientibus cunctis quid ei acciderit, tribus
diebus ac noctibus a conventu abfuit. Sicque postea est
relatus et in lecto jactatus, pene usque ad mortem est flagellatus et horrende per loca in corpore vulneratus a demonibus
fuit. Et, sicut ipse mihi dixit, stupenda et horrenda tormenta
vidit, que minime oblivioni tradidit; et per XV postea annos
vixit. Sed vulnera que a demonibus illi sunt inflixa, in vita
sua non fuerant sanata; nullo enim medicamine sanari
potuerunt, sed semper aperta et recencia fuerunt; fuit autem
vulnerum illorum aliquod ita profundum ut longior digitus
tuus in eo posset intrare usque ad manum. Et quando vidisset aliquem juvenem ridere, vel aliquam exordinacionem
facere, sic solitus fuit dicere: „O, si scires quanta huic exordi-
nacioni maneat pena, certe non faceres ita." „Ego, inquid
Gilebertus, vulnera ipsa vidi et attrectavi et gracias ago
Deo omnipotenti quod manibus meis ipsum sepelivi."

[Témoignage
de Florentien]
Forte et hoc anno instanti affatus sum episcopum, nepotem
sancti Patricii tercii, sancti Malachie (f. 85a) scilicet socii, Flo-
rencianum nomine, in cujus episcopatu, sicut ipse mihi
dixit, est prefatum purgatorium; de quo cum curiosius inter-
rogarem si verum esset quod de eo audivi, respondit ipse
episcopus mihi: „Verum est, frater, certe, et in episcopatu
meo est locus ille, et multi homines in eo pereunt; et qui
forte redeunt semper sunt infirmi et nuncquam sicut alii
homines sunt colorati pro multis tormentis que paciuntur
ibi. Sed si postea in bono perseveraverint, certi sunt quod
alias penas pro ipsis peccatis suis non sustinebunt.

[Anecdote de
l'hermite]
„Nunc autem est ibi juxta heremita unus manens qui est
vir bonus et sanctus, et omni nocte visibiliter congregantur
demones infra ambitum cellule sue statim post solis occasum,
et sic tenentes suum placitum ante solis ortum recedunt.
Et cum congregati fuerint, narrant singuli magistro suo
quid in die egerint. Sanctus autem vir ille vidit manifeste
demones, et noctibus singulis audit eorum narraciones.
Ad hostium vero celle ejus veniunt, sed intrare non possunt,

et quasi nudas mulieres ibi multociens ostendunt. Sicque
fit ut per narraciones demonum sciat heremita ille vitam
in patria illa plurimorum. Sacerdos quidam sancte vite et
honeste parochiam regebat in hac patria cujus talis fuit
consuetudo ut cotidie mane surgens ad ecclesiam iret,
prius cimiterium circuiret et pro animabus eorum quorum
ibi corpora quiescebant VII Psalmos decantaret. Caste vero
vixit et bonis operibus atque doctrine sollicite operam
dedit. Demones vero multociens conquesti sunt de eo quod
nullus eorem illum flectere posset a proposito. Increpabat
autem eos et satellites magister quod tamdiu in bono
permansisset presbiter. Et accedens unus demonum: „Ego,
inquid, artem inveni per quam decipiam illum. Ego enim
jam preparavi mulierem (f. 85*b*) per cujus eum ego decipiam et deiciam speciem. Sed non nisi infra XV annos id
facere potero." „Si, inquid magister, infra XV annos deiceres,
magnam rem faceres." Heremita vero hec audiens doluit,
et de lapsu sacerdotis metuens, sacerdotem vocavit et
omnia ei per ordinem ostendit. Sacerdos ideo Deo gracias
reddidit quod talia per servum suum dignabatur ei osten-
dere. Et sic ab hac die jejuniis, vigiliis et oracionibus magis
ac magis de die in diem carnem suam legitime macerabat.
In illis autem diebus quibus hec a demonibus dicta sunt,
venit secundum consuetudinem mane sacerdos, et circuiens
cimiterium, repperit juxta crucem infantulam positam.
Quam accipiens, commendavit eam nutrici ut eam nutriret
quasi suam filiam propriam. Que cum ablactata fuit, in
filiam sibi eam adoptavit, et sanctimonialem eam facere
proposuit et litteras eam discere fecit. Que cum ad puber-
tatis annos pervenisset et illius pulcritudini presbiter assuete
et familiariter intendisset, cepit temptari de ejus concupis-
cencia, quia secundum carnis pulcritudinem vel pocius
putredinem erat nimis speciosa. Et sepe quo secrecius et
familiarius eo frequencius de ea temptatus nuper consensum peciit et invenit. Quod enim a presbitero petebatur
virgo concessit. Nichil tamen adhuc de corrupcione pere-
gerunt aliud. Nocte sequenti postea quam virgo concessit
accionem sacerdoti, demones, qui hoc loco convenerunt,
gaudium de ejus lapsu magnum fecerunt. Et enim demon ille
qui eum spopondit deicere magistro suo cepit dicere: „Dixi
annos XV quod per mulierem deicerem illum sacerdotem.
Jam feci illum a virgine quam sibi in filiam adoptavit petisse
consensum et tantum feci ut virgo ei prebuit assensum et
mane eos decipiam in (f. 86*a*) meridie. Visne, inquid magister
demonum, socios habere tecum." „Non est, inquid, necesse

[Anecdote du prêtre et de la fille]

ut socios habeam; per me ipsum illos deiciam." Gracias igitur illi magister inde agebat, et illum viriliter egisse dicebat. Die crastina predictus presbiter virginem ad se vocans, in cubiculum suum introduxit et super lectum suum collocavit. Sicque Dei adhuc gracia protectus et ab heremita iterum premunitus, stetit ante lectum cogitans quid ei esset agendum. Jussit ergo ut virgo in lecto exspectaret donec ad illam rediret, et sic ad hostium cubiculi processit et cultro arepto virilia abscidit et foras projecit. „Quid, inquid, putatis, demones, quod non intellexerim temptaciones vestras? De perdicione mea vel filie mee non gaudebitis, quia nec me nec illam habebitis." Sequenti vero nocte interrogavit magister demonum discipulum si fecisset quod se facturum promisit in meridie. Ille vero omnem laborem suum se dixit amisisse et quid sacerdos fecisset cepit enarrate (*l.* enarrare). Jussu igitur magistri demon ab aliis flagellatur et sic cum ejulatu recedentes horrido et totum eorum placitum dissipatur. Heremita vero hec audiens gavisus est valde et inde gracias Deo reddidit. Sacerdos autem virginem quam quasi filiam nutrivit, Deo servituram in monasterio commendavit." Explicit.

STELLINGEN

I

In het algemeen onderscheidt zich de Anglo-Normandische letterkunde door haar didactisch karakter.

II

De Anglo-Normandische gedichten die St. Patricius' Vagevuur behandelen, hebben geen letterkundige waarde.

III

Het *Purgatoire de saint Patrice* door Berol kan niet worden beschouwd als een specimen van de „poèmes hagiographiques" (Cf. Bédier et Hazard, *Histoire de la littérature française illustrée*, Larousse, Paris, 1923, tome I, p. 5).

IV

„Les chants épiques furent colportés de lieu en lieu par les jongleurs. Munis de la vielle (violon) dont ils s'accompagnaient pour chanter, ils allaient de cour en cour, de château en château, accompagnaient les expéditions et prenaient part au combat. En 1066, le jongleur Taillefer „qui moult (= très) bien chantoit" était à la bataille d'Hastings. Les jongleurs ont joué un rôle capital dans la formation et le développement de l'épopée française" (*Précis de l'histoire de la littérature française* par J. Bitter et P. Valkhoff, septième édition, Zwolle, 1925, p. 7).

Deze passage kan den lezer op een dwaalspoor brengen.

V

Niet wat den vorm betreft, maar in zijn wezen is het tooneel van Alfred de Musset klassiek.

VI

De veronachtzaming van de interpunctie bij sommige
hedendaagsche Fransche dichters gaat samen met het gril-
liger en onsamenhangender worden der beelden.

VII

De bewijsvoering welke het jaar 1189 vaststelt als „ter-
minus a quo" voor de verschijning van het *Tractatus de
purgatorio sancti Patricii,* houdt geen steek.

VIII

Prof. Dottin, die in zijn *Louis Eunius* vertelt over de
avonturen van Ridder Owein en daarbij gebruik maakt
van een XIIe eeuwsche tekst, vertaalt het woord „miles"
abusievelijk door „soldat".

IX

De theorie van Prof. Vising aangaande het achtletter-
grepige Anglo-Normandische vers geeft geen bevrediging.

X

Bij de waardeering van het werk der leerlingen uit de
hoogste klasse der 5-jarige Hoogere Burgerschool is een
conflict tusschen de eischen van gezonde paedagogiek en die
van het eindexamen onvermijdelijk.

Utrecht (U)	Arundel (A)	Harley (H)	Bamberg (B)	Royal (R)	Roger de Wendover (W)	John de Tynmouth (T)
In eo vero tantam sensit miles angustiam ut pene pre nimietate angustie et doloris omnino oblitus esset sui adjutoris.	In eo vero tantam sensit miles angustiam, ut pene pre nimietate angustie et doloris, omnino oblitus sit sui adjutoris.	In eo tantam vero sensit miles angustiam, ut pene prae nimitate angustie et doloris omnino sit oblitus sui adjutoris.	Jam ergo pre nimio pavore et angustia cordis desperationi proximabat; ex perturbatione quippe animi illud suavissimum et salutiferum nomen Jhesu ab ipsius mente exierat.	Adeo namque fuit intolerabilis, ut pene sui salvatoris sit oblitus nominis.	in puteo quoque illo miles tantam angustiam sensit et miseriam, ut diu oblitus sit sui Adjutoris.	In eo uero tantas miles sensit angustias ut pene oblitus sit nomen domini inuocare.
Oportet te nunc ambulare super hunc pontem, et per nos ventus ille qui te dejecit in flumine aliud, te deiciet in illud; et statim a sociis nostris qui in flumine sunt capieris et in profundum inferni demergeris.	Oportet te nunc ambulare super hunc pontem, et per nos ventus ille qui te dejecit in flumine alio, deiciet te in isto; et statim a sociis nostris qui in flumine sunt capieris, et in profundum inferni demergeris.	Oportet te ambulare nunc super hunc pontem, et per nos ventus ille qui te dejecit in flumine alio, deiciet te in isto; et statim a sociis nostris capieris et in profundum inferni demergeris.	Et nunc necesse est et prorsus invitabile, ut per pontem istum iter aggrediaris. Cumque ipsum ascenderis, auram commovebimus statimque ventus turbinis, qui te paulo ante de monte trans fluvium portavit, in hoc quoque flumine deiciet; et sic a sociis nostris, qui sicut leo parati ad predam te exspectant, ut cernis, suscipieris, qui letantes, sicut exultant victores capta preda, quando dividunt spolia, te ad infernorum claustra perducent.	Oportet te per hunc pontem transire; nos autem ventos et turbines commoventes de ponte proiciemus te in flumen socii vero nostri, qui in eo sunt, te captum in infernum demergent.	Oportet te, inquiunt daemones, super pontem hunc ambulare, et ventus ille, qui te projecit in aliud flumen, projiciet in istud; et confestim a sociis nostris, qui in flumine sunt, capieris et in profundum inferni demergeris.	Oportet te nunc ambulare super hunc pontem, et per nos ventus ille qui te deiecit in isto: et statim a sociis capieris qui sunt in flumine, et in profundum inferni demergeris.
Merens igitur abeis ad portam reducitur, et contra voluntatem inde est egressus et porta post eum clauditur.	Merens igitur ac lugens ad portam reducitur, et contra voluntatem inde egressus, porta statim post eum clauditur.	Merens igitur miles ac lugens ad portam ab eis reducitur, et contra voluntatem egressus inde; statim porta post eum clauditur.	Merens igitur ab eis ad portam reducitur, et contra voluntatem inde est egressus et porta post eum clauditur.	Merens igitur miserabiliter volens nolens egreditur, acceptaque benedictione tristis admodum sed tamen intrepidus eadem qua venerat revertitur via et clausa est ianua.	Mœrens igitur et lugens miles ab eis reducitur ad portam, et eo contra voluntatem suam egresso clauditur porta post ipsum.	Merens igitur et lugens ad portam reducitur, et ipso egresso statim post eum clauditur.
.... et canonicos regulares in ea constituit.	.... et canonicos regularem vitam ducentes in ea constituit.	.... et canonicos regularem vitam ducentes in ea constituit.	.... et canonicos regulares in ea constituit.	.... et beati patris Augustini canonicos vitam apostolicam sectantes in ea constituit.	Canonicos regulares loco illo introduxit.	.... et sunt ibi canonici regulares.
Et ecce post paululum latitudo pontis exciperet carrum onustum, et post modicum via erat ita larga, ut sibi obviarent in ea duo carra.	Et ecce post paululum latitu (sic) pontis exciperet carrum honustum, et post modicum via erat ita larga, ut sibi in ea obviarent duo carra.	Et ecce post paululum latitudo pontis exciperet carrum onustum, et postmodum via erat larga, ut sibi obviarent duo carra.	Sed et cum paululum pertransisset, cepit adeo pons dilatari, ut eciam ea via pateret latissima. (fol. 118) (ut etiam undecim carra exciperet sibi obviantia. (Colgan)	Et ecce post paululum tantum crevit pontis latitudo, ut etiam duo carra exciperet sibi obviantia.	.... unde pontis latitudo in brevi ita crevit, ut viae publicae amplitudinem praeferret.	Et ecce post paululum latitudo pontis continet carrum onustum; et postmodicum uia ita erat larga, ut sibi in ea obuiarent duo carra.
				Et quia, cum in honore esset, non intellexit, comparatus est iumentis insipientibus, et similis factus est illis.		
„Hinc," ait miles lugens, „recedere non potero, quia, si hinc recessero, ne per fragilitatem aliquid admittam quod me huc venire impediat timeo."	„Hinc," ait miles lugens, „recedere non potero, quia, si hinc recessero, ne per fragilitatem aliquid admittam quod huc me venire impediat timeo."	„Hinc," ait miles lugens, „discedere non potero, quia, [et] si hinc recessissem, in bono perseverare non valebo; timeo quod reddeant in me quae me huc venire fecerunt.	„Hinc," ait miles lugens, „recedere non potero, quia, si hinc recessero, ne per fragilitatem aliquid admittam, quod huc me venire impediat timeo."	Ad hec verba pavescens miles magno merore pontificibus supplicare cepit, ne a tanta leticia ad erumpnas huius seculi redire cogeretur.	Tunc miles flens et ejulans ait: „Hinc discedere non valeo, quia valde timeo ne per fragilitatem humanae miseriae aliquid delinquam quod me impediat huc redire."	Hinc miles lugens, „Decedere, ait, non potero, ne per fragilitatem aliquid admittam quod impedire valeat huc ingressum."
Ille ergo solus relictus, ... justicie lorica induitur, scuto fidei protegitur, spe victorie salutisque eterne mens, ut caput galea redimitur; habet et gladium spiritus, quod est verbum Dei.	Pro viris ita istis remanet ibi miles solus, ad novi generis militiam instructus, quoniam quidem olim obpugnans homines, jam presto est certare contra Daemones, armis christi munitus, expectat quis eum Daemonum primo ad certamen provocet: justitiae lorica induitur, scuto fidei protegitur. Spe victoriae salustisque aeternae, mens ut caput galea, redimitur; scuto fidei protegitur: habet et gladium spiritus, quod est verbum Dei.	A viris itaque istis remanet ibi miles solus, ad novi generis militiam instructus; qui quidem oppugnans(sic) olim homines, jam presto est certare contra demones; armis Christi munitus, expectat quis eum demonum illum provocet ad bellum prius. Justicie lorica munitur, ac scuto fidei protegitur; spe victorie salutis [que] eterne mens, ut capud galea, redimitur; habet et gladium spiritus, quod est verbum Dei.	Ille autem omni humano destituto (sic) solatio spem suam, qua potuit animi devotione	Miles itaque ad novi generis militiam instructus qui quondam viriliter oppugnabat homines, iam presto est viriliter certare contra demones. Armis igitur christi munitus expectat, quis eum demonum ad certamen primo provocet. Justicie lorica induitur, spe victorie salutisque eterne mens ut capud galea redimitur, scuto fidei protegitur. Habet etiam gladium spiritus quod est verbum dei.	Miles itaque a viris solus relictus ad novi generis militiam est instructus.	
„Ego", inquit Gilbertus, „vulnera ipsa vidi et attrectavi et gratias ago Deo omnipotenti quod ipsum sepelivi manibus meis."	„Ego", inquid Gilebertus, „ipsa vulnera vidi et attrectavi et gracias ago Deo omnipotenti quod manibus meis ipsum sepelivi."		„Ego", inquit Gilbertus, „vulnera ipsa vidi et attrectavi et gratias ago Deo omnipotenti quod ipsum sepelivi manibus meis."	„Huius monachi vulnera vidi et manibus meis attrectavi, ipsumque post obitum ego ipse sepelivi. Huius itaque viri tam sancti, tam religiosi mihique tam familiaris relatio ....." Huc-usque Gilbertus.		

P	V	B	M	D	C
Tant fu de cel turment [hastez Pur poi qu'il ne s'ert [obliëz De numer le nun sun [seignur; Puis le numa par grant [dulçur.	Taunt out poür le chevaler Que pres vint a deses-[perer; Mes la grace deu l'espiru, Et il chant pas Jhesu [noma.	Sa memorie li tout cil [dolerus turment: Le nun Deu entreoblie, [mes Jhesu nel consent	Quant li chevaliers fu [laiens, Tant ot et dolor et ahans Et peinnes qu'a pou [n'oblia Les nons Deu, ains les [proié ra.	Tant fut la peine anguis-[suse Al chievaler e grevouse Que a bien preos se tres-[oblie De apeler la Dieu aïe.	Kar la dolur si grant esteit E le turment k'i senteit. Ke a grant peine li pot [membrer Le nun Jhesu a reclamer.
Sur cel punt te cuvient [aler; Nus i feruns le vent [sufler Qui del grant munt jus [[vus] porta, En cest flueve vus abat-[tra, Tut issi cum il vus ravi En l'altre flueve e abati. Nostre cumpain vus rece-[vrunt, El puiz d'enfer vus plun-[gerunt.	Quant tu cest pont ci [passeras, Mont encombrers i tru-[veras. . . . . Mont i ad vent cruel e [grant. . . . . Tu irras a grant poür E si cherras a grant [dolour, Car les debles qe lëoins [sunt Ou crocz ardantz t'aba-[teront, Dont serras en enfern [plongé, E ou nus totz jours [dampné.	„Sur le punt munterez, ke [nus vus i mettruns; „Granz venz vus frum ven[t]er e grans esturbilluns, „De si haut en parfund [la vus trebucheruns, „En enfern vus buterunt [d'iluk nos compaignuns.	„Passer t'estuet sens con-[tredit Ce pont; ce non, nous te [penrons. En ce flueve te geterons, Et nos compeingnons qui [la sont En nostre enfer te plun-[geront.	Vus euvent de primes [passer; Si frum les venz sur vus [mener E i vus frum del punt [tresbuchier. Ne vus purra meis nul [eyder, Kar vos compagnuns qi [leinz sunt En enfern vus trebuche-[runt.	E vus estuvera trespasser Cel punt, ke veez la ester. Utre cel fluvie, ke est [pulent. E nus vus muverrum [grant turment, Nus vus ferum commu-[vant. Esturbiluns e vent si [grant, Ke vus ne porez sustenir; Del punt vus estuvera [chaïr Aval el fluvie k'est desuz, E quant vus serez la [venuz, Nos compainuns ke la [sunt Deckes enfer vus plun-[gerunt.
Hors a la porte l'unt [mené: A Jhesu Christ l'unt [cumandé; La porte cloünt, il s'en va Par mi les lius u il passa.	A la porte l'unt puis [menee E a Jhesucrist comaun-[dee. Qant fu issu de cest [dolent, La porte se clost errau-[ment.	Quant veit le chevaler que [issi vet la chose: Aler li covent, que mes ne [se repose, De la porte s'en ist, quant [plus demorer n'ose. La beneiçun li donent, [este vus la porte close.	Or voit bien que plus [demourer Ne porroit, sy a congré [pris. Li arcevesque l'ont remis De ce paradis a la porte, Chascuns d'ax bien le [reconforte De par Deu et de par son [non; Donné li ont lor beneiçon. Li arcevesque arrier s'en [vont; A Dammedeu commendé [l'ont, Qu'i le conduie e qu'i le [gart. Atant li chevaliers s'em [part. Tantost qu'ot la porte [passee, Si tost fu reclose et fer-[mee.	Dune se parte li chieva-[liers De iloec muiz u volen-[tiers; E od lur beneizum s'en va Le chemin par unt il vint [la. Plus remeindre iloec n'en [ose Si est la porte apres luy [close.	Voille u nun, tut en plu-[rant, Fors de la porte issi a tant, Lur beneiçun tuz li du-[nerent E puis la porte referme-[rent.
Chanoignes riulez i a mis, Si lur a bien lur ordre [apris.	En cel liw un mostier fist, Chanoignes riulers y mist.	Chanoynes i asist de molt [diverse guise; L'ordre saynt Augustin [fu en lor regle asise.	Chenoinnes y mist or-[denez, Relegieuz et bien senez. Selonc saint Augustin vi-[voient Et sa rieugle mout bien [tenoient.	E chanuines reguler i [mist.	Chanoynes riulers puys i [mist En honurance de Ihesu [Crist, Ke tut dis deivent sanz [feintie Des apostles tenir la vie.
Tost fu li punz si eslaisiez, Qu'uns chars i pout aler [chargiez; Un poi apres fu si croiiz, Si dous chars i eüst venuz Bien se poïessent encun-[trer, E largement ultre passer.		N'i ot gueres avant alé que [tant crust la laur Ke deus charz ne (corr. ne) pussent encontrer sanz [tristur.		E ly punz li cruut en [laür, Si q'al derein sanz sey [hurter Qe pussent deus charz [encuntrer.	Après gueres ne demora Ke tant de laür i truva Ke deus chares i purent [aler E sur le punt sei encun-[trer.
		„En grant honur fu home, [mes pas ne l'entendi, „Kar le comandement [Deu] mist tost en obli, „Par inobedience si grant [honur perdi; „As ju(ge)menz fu sem- [blance, cco nus conte [Davi.		E qi esteit einz a grant [honur E vesquist de fruit e de [odur Hors en eissit en graunt [tristur E quist soum payn a grant [labur E cum beste se demenad.	Pur ceo mustra David e [dist, Ke le sauter traita e fist, Ke home, kunt il fust en [honur U le aveit mis sun creatur, Ne tendi pas sa digneté; Pur ceo fud il acomparé.
Li chevaliers remest sultis, Appareilliez e entintis De novele bataille em-[prendre, Par quoi puisse a Deu [l'alme rendre. Cil [qui]se cumbati suvent Par pruësce cuntre la [gent, Aprestez s'est e ouvena-[bles De cumbatre cuntre dia-[bles Bonement en Deu espe-[rant, Atent li quel vendrunt [avant. Des armes Deu s'est bien [armez, E bien guarniz e aturnez: Halbere de justise out [vestu, Par quei le cors out de-[fendu De l'engin de ses enemis; E l'escu de fiance out pris. Healme out fait de ferme [creance; L'altre armeüre d'espe-[rance; Espée a del seint espirit, Si cum [li] livre lo nus dit; C'est la parole Jhesu [Crist, Qui de sun nun numer [l'aprist.	Alerent s'en e il remist Merci criant a Jhesucrist.		Or fu li chevaliers vaillans Tous seuz an la sale at-[tendens. En Deu forment se con-[forta.	Li chievaler qui iert sul [remis Se asseure en Deu cum [fud apris.	Le chivaler tut sul esteit, En Jhesu Crist fiance [aveit, Mult par ert sage e remem-[bré, Des armes Deu esteit [armé: Ceo fu de fei e de [creance, Si out en Deu bone espe-[rance. Le enseinie de la croiz [veraye Sur sei ad mis, k'il ne [s'esmaie.